*Las Chicanas – Una nueva
cultura mestiza*

Europäische Hochschulschriften

European University Studies

Publications Universitaires Européennes

Reihe XX   Philosophie

Series XX   Philosophy

Série XX   Philosophie

Band/Volume **760**

Susanne Pircher

Las Chicanas – Una nueva cultura mestiza

Der Zusammenhang von Sprache,
Mythos und Grenzen am Beispiel
der Chicana-Bewegung in den
Vereinigten Staaten von Amerika

Bibliografische Information der Deutschen Nationalbibliothek
Die Deutsche Nationalbibliothek verzeichnet diese Publikation in der Deutschen
Nationalbibliografie; detaillierte bibliografische Daten sind im Internet über
http://dnb.d-nb.de abrufbar.

Gedruckt auf alterungsbeständigem,
säurefreiem Papier.

ISSN 0721-3417
ISBN 978-3-631-64253-5

© Peter Lang GmbH
Internationaler Verlag der Wissenschaften
Frankfurt am Main 2013
Alle Rechte vorbehalten.
PL Academic Research ist ein Imprint der Peter Lang GmbH.

www.peterlang.de

Vorwort

In der hier vorliegenden Arbeit hat Frau Mag. Susanne Pircher eine Studie erstellt, welche in einer erstaunlich differenzierten und profunden Art und Weise die Chicana-Bewegung in den Vereinigten Staaten von Amerika untersucht. Der Autorin ist es hervorragend gelungen die Sonderstellung der mexikanischen Einwanderer in den USA zu analysieren und auf den wissenschaftlichen Begriff zu bringen.

Erfreulich ist dabei, dass die Arbeit nicht nur am grünen Tisch entstanden ist, sondern dass die Autorin, neben einem gründlichen Quellenstudium, ihre Kenntnisse auch aus der Zusammenarbeit mit mexikanischen Bildungseinrichtungen gewann.

Die aus der mexikanischen Arbeiterbewegung in den Vereinigten Staaten, den sogenannten Chicanos, zwischen 1970-1980 parallel hervorgegangene Bewegung der mexikanischen bzw. mexikanischstämmigen Frauen, eben der Chicanas, wird von Frau Pircher unter methodischen und theoretischen Gesichtspunkten präzise behandelt. Schon in ihrer Publikation, „Die Frauenfrage in der Indiopolitik Lateinamerikas – Eine philosophische Betrachtung des Stellenwertes der Frau in der indigenen Gesellschaft, Wirtschaft und Politik und seine Entwicklung" (2010) wies sich Frau Pircher als eine sehr gute Kennerin des lateinamerikanischen Kontextes aus. Es ist deshalb auch kein Zufall, dass die Autorin in der hier vorliegender Arbeit die Frauenfrage im Rahmen der Chicana-Bewegung in den Mittelpunkt ihrer Ausführungen stellt.

Der systematische Aufbau und die wohldurchdachte Gliederung der vorliegenden Publikation führt den Leser Schritt für Schritt in die Thematik „Las Chicanas - Una nueva cultura mestiza" ein. Um dies zu verdeutlichen geht die Autorin von der Geschichte der Chicana- Bewegung aus. In ihren Ausführungen zu „Identität und Beschränkung" (Scripts und Chicanismo) rückt sie darauf folgend die Thematik Mythos und Mythosbegriff in den Mittelpunkt der Betrachtung.

Im Rahmen der von Frau Magister Pircher vorgenommenen differenzierte Behandlung des Stoffes von Begriff und Theorien des Mythos erschließt sie u.a. das soziale Umfeld des Mythos um daran anschließend die Bedeutung der Sprache und insbesondere des Sprechaktes ausgehende von auf John L. Austin und John R. Searle, den Begründern der Sprechakttheorie, sowie Judith Butler und ihr Modell der Performativität der Sprache zu untersuchen.

Als vorteilhaft erweist sich dabei, das von der Autorin das Konzept von Pierre Bourdieu „Sprache und Macht" in die Analyse einbezogen wird. Indem sie an Bourdieus Ausführungen zur „Legitimen Sprache" und der „Sprache der Mächtigen" sowie an die „Rituale der sozialen Magie" anknüpft, ermöglicht ihr dies ein tieferes Eindringen in die soziale Funktionsweise der Mythen. Von dieser Sicht aus gelingt es Frau Mag. Pircher u. a., den Zusammenhang von Sprache und Mythos eingehend zu behandeln und daraus folgend die Mechanismen von Grenzsetzung und Grenzüberwindung mittels Mythos, Sprache und Sprechakt im Rahmen der Chicana Bewegung tiefer zu erfassen.

Im Rahmen der Vielschichtigkeit der von Frau Pircher behandelten Thematik sind auch ihre Ausführungen zu der Kunst in Bildern zu erzählen und dabei den Mythos zu verändern bzw. zu aktualisieren und den gesellschaftlichen Gegebenheiten anzupassen von Interesse.

In Anbetracht der ideengeschichtlichen und soziokulturellen Dimension der Chicana - Bewegung stellt die Autorin am Schluss ihrer Ausführungen mit Recht die Frage, was wir in Europa daraus lernen können. In diesem Zusammenhang wird mit Blick auf die europäischen Migrationsbewegungen die für das interkulturelle Denken wichtige These erörtert, dass die Wahrnehmung der Anderen es ermöglicht das Eigene besser zu erkennen.

Für alle Leser, welche Interesse haben die Chicana-Bewegung kennen zu lernen, aber auch für jene die u. a. in den Zusammenhang von Identität, Sprache, Mythos tiefer eindringen wollen ist das vorliegende Buch wärmstens zu empfehlen.

Univ.- Prof. Dr. habil. Heinz Krumpel

INHALT

EINLEITUNG   9

DIE CHICANAS   13

  Geschichte der Chicana-Bewegung   13

  Chicana Identität   14

IDENTITÄT UND BESCHRÄNKUNGEN   19

  Allgemeine Hinweise zu diesem Kapitel   19

  Scripts und Chicanismo   20
  Die Transaktionsanalyse   20
  Der Einfluss auf die kindliche Entwicklung   21
  Mexikanertum bzw. Chicanismo als Script?   22
  Was hat das nun mit Identität und Beschränkung zu tun? 23

MYTHOS UND MYTHOSBEGRIFF   27

  Begriff und Theorien des Mythos   27

  Der Mythos am Puls der Zeit   29

  Mythische Motive und mythisches Erleben   31

  Der soziale Kontext des Mythos   33
  Der Mythos als Manifestation und Repräsentation von Mann und Frau –
  Mythos und Gender   34

  Mythos und Chicanismo   35

DIE BEDEUTUNG DER SPRACHE   39

  Die gesellschaftliche Komponente der Sprache   41

  John L. Austin und John R. Searle – Sprache, Sprechakt und
  Sprechakttheorie   41
  Der Begründer der Sprechakttheorie: John Langshaw Austin 41
  Austins Nachfolger: John Rogers Searle   45

Judith Butler – Sprache und Performativität   51

Pierre Bourdieu –Sprache und Macht   57
Die Ökonomie des sprachlichen Tausches   58
Exkurs: Ferdinand de Saussure und Noah Chomsky   60
Die „Legitime Sprache" – Normsprache und soziale Machtverhältnisse   63
Soziale Möglichkeiten und der erwartete Profit aus der Teilnahme am
ökonomischen Sprachmarkt   68
Sprache und (symbolische) Machtverhältnisse – autorisierte Sprache und
ritualisierter Diskurs   77
Die Einsetzung des legitimierten Sprechers   80
Repräsentation, Macht und politische Wirkkraft bei Pierre Bourdieu   84

DER ZUSAMMENHANG VON SPRACHE, MYTHOS
UND GRENZEN   87

Die Sprache als Medium für den Mythos   87

Mythos und Menschenbild   89

Sprache, Menschenbild und Grenzziehungen   91
Sprachlich definierte Grenzziehungen – noch einmal zurück zu Bourdieu   91
Grenzen durch den Mythos – mythische Richtlinien   93

DAS BEISPIEL DER CHICANA-BEWEGUNG   97

Chicanos, Hispanics, Latinos – alles das selbe?   98

Die Kunst, in Sprache und Bildern zu erzählen und dabei den
Mythos zu verändern   101
Die Bedeutung der Literatur für die Chicana-Bewegung   103
Chicanas und Chicanos im Film   108
„Selena – Ein amerikanischer Traum" als Beispiel für die aktuelle
Darstellung von mexikanisch-stämmigen US-Amerikanerinnen
und US-Amerikanern im zeitgenössischen Hollywood-Film.   111

AUSBLICK UND GEDANKEN ÜBER DIE
ZUKUNFT – WAS KÖNNEN WIR IN EUROPA
DARAUS LERNEN?   121

LITERATUR UND QUELLENVERZEICHNIS   127

Einleitung

Die Vereinigten Staaten von Amerika entstanden aus einer Kolonie britischer Siedler, die den engen sozialen, religiösen und wirtschaftlichen Grenzen ihres Herkunftslandes entfliehen und auf dem großen, neuen Kontinent im Westen ihren Traum von einem eigenen Staat verwirklichen wollten. Hier sollte jeder, unabhängig von Herkunft und Klasse, Kraft seines persönlichen Einsatzes und seiner persönlichen Fähigkeiten und Möglichkeiten, alles erreichen können, was er sich wünscht.

Dieser Traum vom Land der unbeschränkten Möglichkeiten lockte nach und nach auch andere Einwanderer aus aller Herren Länder an, in der zweiten Hälfte des zwanzigsten Jahrhundert speziell auch eine große Anzahl von spanischsprachigen Einwanderern aus Mittel- und Südamerika. Eine Sonderstellung unter dieser Flut von spanischsprachigen Einwanderern nehmen die Mexikaner ein[1]: Einerseits teilt sich die Republik Mexiko mit den Vereinigten Staaten von Amerika eine etwa 3000 km lange Staatsgrenze, andererseits waren große Gebiete im Süden bzw. Südwesten der USA noch bis ins 19. Jahrhundert hinein mexikanisches Staatsgebiet.

Den spanischsprachigen Einwanderern des 20. Jahrhunderts scheint etwas zu gelingen, was den deutschen Einwanderern im 19. Jahrhundert noch verwehrt geblieben ist, und was in der Geschichte der Vereinigten Staaten bis jetzt unmöglich erschien: die allmähliche Etablierung des Spanischen als zweiter Sprache neben dem Englischen. Die spanischsprachigen Immigranten bringen aber nicht nur ihre eigene Sprache mit ins Land, mit dieser ihrer spanischen Muttersprache transportieren sie auch ihre ureigensten Traditionen, Vorstellungen und Lebensauffassungen – und damit auch die Mythen, mythischen Idealbilder und traditionellen Idealvorstellungen ihres jeweiligen Herkunftslandes.

Durch diese mitgebrachten Traditionen und Vorstellungen erlegen sie sich nun einerseits selbst persönliche, gesellschaftliche, psychische und (oft indirekt) auch wirtschaftliche Grenzen und Beschränkungen auf, die nicht den korrespondierenden persönlichen, gesellschaftlichen und psychischen Grenzen der angloamerikanischen Bevölkerung entsprechen, gleichzeitig stoßen sie an die verschiedensten von der angloamerikanischen Bevölkerung errichteten gesellschaft-

---

1   und die Kubaner, aber aus anderen Gründen und mit anderen Vorzeichen (siehe: HUNTINGTON, Samuel P. (2006): Who Are We? Die Krise der amerikanischen Identität. München: Wilhelm Goldmann Verlag – S.314ff)

lichen, wirtschaftlichen oder auch bildungspolitischen (um nur einige zu nennen) Grenzen und Vorurteile gegenüber dem „Fremden", der anderen, vermeintlich „rückständigen", Kultur. Mit dem Anwachsen des mexikanischen bzw. mexikanischstämmigen Teils der Bevölkerung in den großen Metropolen und im Süden / Südwesten der Vereinigten Staaten von Amerika treten die dadurch entstehenden alltäglichen sozialen Probleme und Konfrontationen immer offener zutage.

Besonders betroffen von den gesellschaftlichen Grenzen und Problemen sind die mexikanischen bzw. mexikanischstämmigen Frauen und Mädchen. Sie stehen vor allem der Fremdbeschränkung von außen an zwei Fronten gegenüber. Einerseits den für Angehörige des weiblichen Geschlechts geltenden engen sozialen und wirtschaftlichen Grenzziehungen und Beschränkungen / Einschränkungen ihres katholischen Herkunftslandes – von Mädchen wird nach wie vor erwartet dass sie sich den Männern, zuerst dem Vater und den Brüdern, dann dem Ehemann, bedingungslos unterordnen, dass sie heiraten, Kinder bekommen und ihren Platz im Haus finden, wo sie für das Wohl ihres Ehemannes und ihrer Familie sorgen. Andererseits sehen sie sich den wirtschaftlichen und soziodemographischen Grenzen und Beschränkungen durch die Vorurteile der mehrheitlich protestantischen Angloamerikaner gegenüber, die die Mexikaner oft immer noch generell für dumm, faul, und für in ihre Gesellschaft nicht integrierbar halten.

Die meist als feministische Bewegung aufgefasste Chicana-Bewegung, die aus der mexikanischen Arbeiterbewegung der 1960er und 1970er Jahre (den sog. „Chicanos") hervorgegangen ist, versucht nun seit den späten 1970er bzw. den frühen 1980er Jahren diese Grenzen und Beschränkungen aufzuzeigen, sichtbar zu machen und zu benennen, gleichzeitig wollen ihre Protagonistinnen der mexikanischen bzw. mexikanischstämmigen Frau in den Vereinigten Staaten von Amerika Möglichkeiten aufzeigen, ein eigenständiges, selbst bestimmtes Leben zu führen.

Dabei bedienen sie sich, manchmal bewusst oft vielleicht auch unbewusst, der Wechselbeziehung von Mythos, Sprache und Grenzsetzung. Chicana-Künstlerinnen und Autorinnen bedienen sich beispielsweise bewusst der traditionellen mexikanischen Frauenarchetypen (die alten Göttinnen der Mexica-Hochebene, La Malinche, La Llorona und La Virgen de Guadalupe) oder auch „moderner" / urbaner Mythen und erweitern oder verändern in einem zeitgenössischen Kontext die Bedeutung und das Auftreten dieser mythischen Idealtypen (sehr detailliert dazu Blake, 2008 oder Pérez, 1999). Dabei verändern sie gleichzeitig die Bilder und die Sprache, die in Zusammenhang mit der mexikanischen / mexikanischstämmigen Frau üblicherweise innerhalb ihrer eigenen und auch innerhalb der amerikanischen Gesellschaft verwendet werden. Sie betonen z.B., dass La Malinche, die indianische Geliebte des Eroberers Hernán Cortés nicht, wie in die heute übliche Auffassung es darstellt, in erster Linie eine Verräterin an ihrem eigenen Volk war (sie wurde vermutlich auch nicht gefragt, ob sie die Geliebte des Hernán Cortés werden wollte), sondern dass sie durch das rasche Erlernen der spanischen Sprache und die wiederholten Übersetzungstätigkeiten für die Spanier bei Verhandlungen mit der aztekischen Führungselite auch eine tragende Rolle als Verteidigerin und Beschützerin ihres Volkes inne hatte. Ähnlich ist es auch mit der Rückbesinnung auf die alten Göttinnen der Mexica-Hochebene, die in zeitgenössischen Kontexten als moderne, selbständige, eigenverantwortlich handelnde Frauen dargestellt werden. Sie konnten über ihr eigenes Schicksal selbst entscheiden, so wie es den modernen mexikanischen und mexikanischstämmigen Frauen zukommen soll, deren Familien oft schon seit mehreren Generationen in den Vereinigten Staaten von Amerika leben.

Nach und nach überträgt sich diese von den Protagonistinnen der Chicana-Bewegung angestoßene Neuinterpretation der mexikanischen Frau und ihrer Bestimmung auch in den Alltag und auf die Gesellschaft. Die oben aufgezeigten Grenzen und Beschränkungen, sowohl die selbst- als auch die fremdbestimmten, verschieben sich zunehmend durch die laufende Veränderung des mythischen Idealbildes mittels visueller Medien, Sprache und Sprechakt – und davon profitieren letztendlich nicht nur die Frauen und Mädchen, sondern die ganze mexikanische Bevölkerungsgruppe, sowohl innerhalb der USA, als auch die in der Republik Mexiko verbliebenen Familienteile.

Das vorliegende Werk ist der Versuch einer Darstellung wie Mythos, Sprache und Grenzsetzung sich gegenseitig beeinflussen können und wie Mythos und Sprache bewusst zur Neugestaltung des anthropologischen Selbstbildes der modernen mexikanischen bzw. mexikanischstämmigen Frau herangezogen und eingesetzt werden können.

Die Chicanas

Geschichte der Chicana-Bewegung

Die 1960er und 1970er Jahre des 20. Jahrhunderts zeitigten weltweit große gesellschaftliche Veränderungen. Die Rassenfrage in den Vereinigten Staaten von Amerika brach nach langen schwelenden Konflikten offen auf und führte, nach der jahrelang andauernden Segregation und Unterdrückung der Afroamerikaner, besonders im alten Süden, zu teilweise blutigen Auseinandersetzungen. Die Amerikanische Öffentlichkeit ging auf die Straße um offen gegen den Krieg in Vietnam zu protestieren, in Woodstock feierte die Jugend den Aufbruch zu einer neue Gesellschaft ohne Grenzen und man erwartete den Anbruch des friedlichen kosmischen Zeitalters des Wassermannes, das nach dem kriegerischen Zeitalter der Fische eine neue, stabile und Glück verheißende Ära für den modernen Menschen anbrechen lassen sollte.

Es wurde aber nicht nur die „schwarze" Frage nunmehr offen diskutiert: in Kalifornien begannen die mexikanischen Erntearbeiter sich zu formieren um für sich und ihre Familien gerechte Löhne und menschenwürdige Lebensbedingungen zu fordern. Sie nannten sich selbst und ihren Zusammenschluss zu einer Arbeiterbewegung „Chicanos"[2]. Letztgültig geht die moderne Chicana-Bewegung auf diese Vereinigung von mexikanischen Erntearbeitern zurück, der sich nicht nur die mexikanischen Arbeiter sondern auch die mexikanischen Arbeiterinnen anschlossen. Unter dem Einfluss der angloamerikanischen Feministinnen der 1970er Jahre begannen die Chicanas, nicht nur ihre Rechte als Arbeitnehmerinnen, sondern auch ihre Rechte als Frauen für sich einzufordern und sahen sich dabei bald zwei Fronten gegenüber: einerseits der Ablehnung der „weißen" angloamerikanischen Bevölkerung und damit dem Vorurteil des faulen, dummen Mexikaners, andererseits der Besorgnis ihrer mexikanischen Väter, Brüder und Ehemänner, die den Platz der „guten" mexikanischen Frau, ganz nach der streng

---

2   Das Wort „Chicano" dürfte eine Verballhornung aus der Selbstbezeichnung „Mexicano" und aus „Chico" (in etwa: Kleiner) sein und wurde ursprünglich diskriminierend verwendet. Das relativ neue Wort dürfte aus den 1930er/1940er Jahren stammen, als mit Hilfe eines beidseitigen Abkommens arme mexikanische Landarbeiter in die Vereinigten Staaten geholt wurden, um dort als Erntehelfer zu arbeiten. Seit den 1960er/1970er Jahren wird es von den mexikanischen / mexikanischstämmigen Aktivisten der Bürgerrechtsbewegung verwendet, um ihre eigenständige mexikanisch-amerikanische kulturelle Identität zu unterstreichen.

katholischen Tradition ihres Herkunftslandes, eindeutig im Haushalt, bei ihrer Familie und bei ihren Kindern sahen. In den 1980er Jahren kam die Chicana-Bewegung in den Ruf, ein Club der homosexuellen Mexikanerinnen und mexikanischstämmigen Amerikanerinnen zu sein, da sich einige ihrer bekanntesten Protagonistinnen[3] offen zur Homosexualität bekannten – in der traditionellen mexikanischen Gesellschaft zu diesem Zeitpunkt ein schwerer Tabubruch, ein Ding der Unmöglichkeit für eine ehrbare mexikanische Frau.

Heute gelten die „Chicano/a-Studies" an vielen amerikanischen Universitäten, z.b. in Berkeley oder an der UCLA, als anerkanntes Studienfach. Studenten verschiedenster Herkunft, sehr oft aber mit mexikanischen und / oder indianischen Wurzeln, beschäftigen sich mit der Frage nach der mexikanischen Geschichte, Gesellschaft und Identität in den Vereinigten Staaten von Amerika.

Chicana Identität

Eine streng fixierte und abgegrenzte Chicana-Identität gibt es nicht; sie entwickelt sich entlang einer Achse und anhand der jeweils geführten aktuellen Diskurse und ist damit immer davon abhängig, wie die Chicanas bzw. die Chicana-Bewegung zu einem gegebenen Zeitpunkt von der Gesellschaft gesehen werden und gleichzeitig wie sie sich selbst zu einem gegebenen Zeitpunkt innerhalb von Geschichte, Kultur und Gesellschaft positionieren.[4] Nicht einmal der Begriff „Chicana" selbst ist unumstritten (dasselbe gilt natürlich auch für die männliche Form, Chicano), sondern ganz im Gegenteil, diese Bezeichnung ist Gegenstand ständig in Fluss befindlicher politischer und ideologischer Diskurse und Grabenkämpfe und wird in verschiedensten Diskursen anderen Bezeichnungen, wie z.B. „Hispanic" (womit nicht nur Mexikaner, sondern alle Amerikaner mir ursprünglich spanischer Muttersprache gemeint wären) gegenübergestellt und / oder gleichgesetzt.

Nichts desto trotz sieht Angie Chabram Dernersesian bei der Untersuchung von Chicana/o-Gedichten einen roten Faden, der die verschiedenen Texte und deren Autoren verbindet: den Bezug auf den mexikanischen Nationalismus.

---

3   So z.B. die Literaturwissenschaftlerin und Schriftstellerin Gloria Anzaldúa oder die Autorin Cherríe L. Morraga

4   vergl. CHABRAM DERNERSESIAN, Angie (1993): And, Yes ... the Earth Did Part. In: DE LA Torre, Adela und PESQUERA, Beatríz (1993): Building With Our Hands.New Directions in Chicana Studies. Berkeley Ca., Los Angeles Ca., London: University of California Press – S.33-56

"Once allowed to surface, the tensions contained in the nationalist reading explode, creating discordant notes and redirecting us toward a new form of self-definition, to be spoken, not by all but by some of us: *tú* (you); the generic Chicana, *La Mujer* (woman); or *hermana* (sister). (kursive Hervorhebungen aus dem Original übernommen – S.P.)"[5]

Allerdings wird bei der näheren Betrachtung der Texte sehr bald klar, dass es sich dabei um keine reine, uneingeschränkte Unterstützung dieses vom Machismo geprägten mexikanischen Nationalismus handelt, vielmehr benutzen die Chicana-Autorinnen die Perspektive dieses spezifisch mexikanischen Nationalismus um auf ihre eigene prekäre Situation innerhalb dieser paternalistischen Strukturen aufmerksam zu machen. Als Beispiel dafür führt Chabram Dernersesian folgende Zeilen aus dem Gedicht „Machismo Is Part Of Our Culture" von Marcelina Trujillo an:

> Your culture emanates
> from Raza posters on your walls
>
> Chicanismo through osmosis
>
> to remind me
> that machi-machi-machismo
> is part of our culture.[6]

Die Autorin des Gedichtes beschreibt den kulturellen Output von "La Raza"[7] als männlich dominiertes System, von dem sie selbst als Frau ausgeschlossen bleibt (vergl.: … Raza posters on your wall; angesprochen ist der Andere, das männliche Gegenüber – anm. S.P.) – gleichzeitig bringt sie die mexikanischen bzw. mexikanischstämmigen Männer, in eine Position gegenüber den mexikanischen bzw. mexikanischstämmigen Frauen, die analog der Position der protestantischen Anglo-Amerikaner gegenüber dem Moviemento der Chicanas/Chicanos gesamt zu sehen ist. Sie bringt sich selbst und ihren eigene kulturellen Output (in diesem Fall ihr hier zitiertes Gedicht) in Gegenlage zum Ma-

---

5   vergl. CHABRAM DERNERSESIAN (1993), S.38; Kursivdruck auch im Original
6   in: FISHER, Dexter [ed.] (1980): The Third Woman: Minority Woman Writers of the United States. Boston: Houghton Mifflin, S.401-402
7   „la Raza" ist ein alternativer Begriff zu „Chicano/a", den die Mexikaner und mexikanischstämmigen US-Amerikaner als Selbstbezeichnung verwenden

chismo und den männlichen Privilegien innerhalb der katholisch-religiösen mexikanischen Gesellschaft.[8]

Die in ihren Anfängen als Arbeiterbewegung nach außen hin homogen wirkende politische Identität der „Chicanos" als Mexikaner bzw. mexikanischstämmige US-Amerikaner hat sich somit in viele Plurale, oft sich gegenseitig widersprechende „mexikanische" Identitäten aufgefächert und damit begonnen, die Konfliktpunkte innerhalb der Gemeinschaft aufzuzeigen, sie hat sich nicht nur gegenüber der „weißen", anglo-protestantischen Gesellschaft abgegrenzt, sondern hat auch die Brüche in sich selbst entlang einer Gender-Linie zu markieren begonnen. Die Chicanas haben begonnen, ihre Situation innerhalb einer paternalistischen Gesellschaft aufzuzeigen und gleichzeitig versuchen sie, ihre eigene Identität und sich selbst als eigenständige Personen innerhalb dieser Gesellschaft zu positionieren und dabei auch gehört bzw. beachtet zu werden. Den Chicanas wurde sowohl innerhalb des Moviemento als auch von angloamerikanischer Seite wiederholt vorgeworfen, dass sie die Situation durch das Aufwerfen der Gender-Frage verkompliziert hätten, indem sie einen zusätzlichen Konflikt dazu addiert hätten. Es geht ihnen jedoch keinesfalls um eine Teilung des Moviemento in Männer und Frauen, sondern vielmehr darum, die Frauen aus den wichtigen gesellschaftlichen und politischen Diskursen der Chicano/a-Bewegung nicht auszuschließen. Ihre Anliegen sollen genauso gehört werden, wie die der mexikanischen bzw. mexikanischstämmigen Männer.[9]

Diese zeigten jedoch schon vom Beginn der Chicano-Revolte an Ressentiments gegenüber der weiblichen Stimme innerhalb ihrer Gesellschaft. Armando Rendón behandelt in seinem 1971 veröffentlichten „Chicano Manifesto" ausführlich die Unterschiede zwischen „Machismo" und „Malinchismo" innerhalb der Chicano-Bewegung. Er betont ausdrücklich, dass die „Malinches" (also die Frauen), wenn sie sich denn ernsthaft für die Chicano-Bewegung einsetzen wollen (was er generell aufgrund der dem weiblichen Geschlecht seiner Ansicht nach anhaftenden „Schwäche" und „Unwahrhaftigkeit" anzweifelt), das nur tun könnten, indem sie den Machismo als tragende Kraft der mexikanischen Nation erkennen und sich ihm aus dieser Erkenntnis heraus vollständig unterwerfen würden.[10] Rendón betont stark, dass Männlichkeit, Machismo und Nationalismus im Fall der Chicano-Bewegung praktisch gleichzusetzen sind. Der Machismo ist für ihn der naturgemäße Ausdruck des Mexikanertums. Er zieht das Beispiel der als La Malinche bekannt gewordenen indianischen Geliebten des

---

8   vergl. CHABRAM DERNERSESIAN (1993), S.38f
9   vergl. CHABRAM DERNERSESIAN (1993), S.39ff
10   vergl. CHABRAM DERNERSESIAN (1993), S.40f

Eroberers Hernán Cortés, Malintzín Tenépal, heran, um den mexikanischen Frauen eine generelle psychische Schwäche und daraus resultierend Verrätertum an ihrem eigenen Volk zu unterstellen.

Er bedient sich eines traditionellen mexikanischen Nationalmythos, um diesen seinen Standpunkt darzulegen – das selbe tun in der Folge nunmehr viele Protagonistinnen der Chicana-Bewegung (vor allem natürlich Künstlerinnen) um eine Gegendarstellung zu bringen. Sie bedienen sich genauso der traditionelle Figur der Malinche, zeigen sie aber in einem Kontext, der in der traditionellen Darstellung als Betrügerin und Verräterin in den Hintergrund tritt. Sie verwandeln sie zurück in die indigene Malintzín Tenépal, eine starke Frau, die vor allem in ihrer Eigenschaft als Übersetzerin und Diplomatin in Erscheinung tritt, die ihrem Volk dient und möglicherweise noch schlimmere Konsequenzen der Eroberung verhindert hat. Auf diese Erneuerung der traditionellen Mythen durch die Tätigkeit der Chicana-Bewegung möchte ich zu einem spätern Zeitpunkt noch genauer eingehen. Nebenbei übersieht Armando Rendón geflissentlich, dass natürlich auch die mexikanischen Männer von Malintzín Tenépals Sohn mit Hernán Cortés abstammen und man ihnen, wenn man seiner Argumentation folgen will, genau dadurch dieselben Unterstellungen wie den mexikanischen Frauen machen könnte.

Identität und Beschränkungen

Allgemeine Hinweise zu diesem Kapitel

Wie ist nun Identität im gesellschaftlichen Kontext zu sehen? Wie kommt dieses „Mexikanertum", diese Chicano/a Identität (und jegliche menschliche Identität) zustande? Einerseits werden alle Menschen in ein jeweils bestimmtes soziales Umfeld hineingeboren, auf das in ihre frühkindliche Erziehung zurück gebunden ist. Andererseits wächst das Kind nicht allein in der Herkunftsfamilie auf, sondern hat im Lauf seiner Entwicklung / seines Aufwachsens zunehmend auch Kontakt zu anderen Kindern aus anderen Familien und damit früher oder später (vermutlich spätestens in Kindergarten oder Schule) Kontakt zu anderen Kindern aus anderen sozialen Umfeldern mit anderen familiären Einflüssen.

Im Zusammenhang mit dieser Kontaktaufnahme zur Außenwelt kommen zu den durch die Erziehung und die vorherrschende Tradition innerhalb der Herkunftsfamilie entstandenen physischen und psychischen Beschränkungen auch von außen erfahrene Beschränkungen und Grenzen dazu: durch die Strukturen in Kindergarten und Schule, durch die Bewegung in einem anderen sozialen Umfeld, durch wirtschaftliche Gegebenheiten, etc. Das Kind erfährt während der Entwicklung seiner Persönlichkeit eine Vielzahl an physischen, psychischen, gesellschaftlichen und auch wirtschaftlichen Beschränkungen und Grenzen- einige davon sind aus der familiären Tradition und aus der Erziehung resultierende Selbstbeschränkungen, andere sind fremdbestimmte, von außen auferlegte Beschränkungen, die allgemein akzeptiert und daher einzuhalten sind. Einige dieser Beschränkungen sind real, andere vielleicht nur eingebildet, und sie verschwinden, wenn einmal die Erfahrung gemacht wurde, dass sie ungestraft übertreten werden können.

Ich möchte mich in diesem Kapitel vor allem auch auf die psychologische Transaktionsanalyse und die aus ihr hervorgegangene Skriptanalyse beziehen, die vom amerikanischen Psychiater Eric Berne etwa in der Mitte des 20. Jahrhunderts begründet wurde. Im speziellen beziehe ich mich auch auf Bernes Schüler Claude Steiner[11], der sich in seinem schriftlichen Werk und auch in der Praxis mit sog. „Skripts", in der Herkunftsfamilie (früh)kindlich anerzogenen Lebensplänen von Menschen, und deren Veränderung auseinandersetzt. Steiner

---

11   Claude Steiner, ein Kind österreichischer Eltern, lebte übrigens selbst nach der Flucht seiner Familie aus dem von den Nazis bedrohten Frankreich im Jahr 1939 bis 1952 in Mexiko!

bezieht sich in vielen Fragen hauptsächlich auf den Bereich der zwischenmenschlichen Beziehungen, die Thesen der Transaktionsanalyse und der Skripts lassen sich aber nicht nur auf Individuen sondern auch auf ganze Gruppierungen von Menschen anwenden.

Scripts und Chicanismo

Die Transaktionsanalyse

Die Transaktionsanalyse nach Eric Berne geht davon aus, dass jedwedes menschliche Handeln auf einer von drei Ebenen stattfindet: der des Eltern-Ich, der des Erwachsenen-Ich oder der des Kindheits-Ich. Diese Ebenenstruktur von „Ichs" soll nicht mit Sigmund Freuds Theorie von Über-Ich, Ich und Es verwechselt werden – Berne sieht diese drei Ebenen keinesfalls so wie Freud als theoretische Konstruktionen, sondern als drei Ebenen des menschlichen „Ich", die im alltäglichen menschlichen Verhalten jederzeit frei und offen zugänglich und zu beobachten sind.[12] In zwischenmenschlichen Beziehungen kommunizieren diese „Ichs" nun auf ihren verschiedenen Ebenen miteinander – Berne spricht von „Transaktionen". Bei einer einfachen Transaktion, einer sog. „parallelen" Transaktion, ist nur jeweils eine Ebene des „Ichs" der Beteiligten im Spiel. Die meisten Transaktionen sind jedoch bei weitem komplizierter und subtiler, weil verschiedene Ebenen der jeweiligen „Ichs" miteinander kommunizieren. Eine Kommunikationssituation kann demnach nur solange reibungslos und weitgehend ohne Missverständnisse laufen, solange sich der kommunikative Anreiz und die darauf folgende Reaktion an die jeweils gleiche Ich-Ebene richten. Die Beziehung zwischen den Gesprächspartnern ist dann komplementär. Jede Reaktion die sich an eine andere Ich-Ebene richtet führt zu einer sog. „gekreuzten" Transaktion und führt daran anschließend auch zwangsläufig zu einer Veränderung oder zum vollständigen Abbruch der bisherigen Beziehungsart. Neben der parallelen und der gekreuzten Transaktion gibt es noch „doppelte" bzw. „versteckte" Transaktionen, die auf zwei Ebenen gleichzeitig ablaufen: der sozialen und der psychologischen.[13] Dabei verdeckt die soziale Ebene oft die psychologische – die wörtliche Bedeutung des Gesagten entspricht dann nicht

---

12   vergl. STEINER, Claude (1992): Wie man Lebenspläne verändert. Das Skript-Konzept in der Transaktionsanalyse. München: Deutscher Taschenbuch Verlag GmbH & Co KG – S.39

13   vergl. STEINER (1992), S.46ff

der tatsächlich Bedeutung. Für einen Zuhörer, der, wenn er die Beteiligten nicht genauer kennt, das gesagte wörtlich nehmen muss, bleibt der wahre Inhalt bzw. die wahre Bedeutung der Aussage also verdeckt.[14] Basierend auf dieser Struktur von zwischenmenschlichen Transaktionen lassen sich Menschen auf so genannte „Spiele" ein, Verhaltenssequenzen die eine bestimmte Abfolge von Transaktionen beinhalten und einen zu erwartenden Nutzeffekt voraussetzen.[15]

Der Einfluss auf die kindliche Entwicklung

In einer besonderen Lage dieses hier kurz beschriebenen zwischenmenschlichen Beziehungsgeflechts befinden sich nunmehr Kinder. Sie erleben sich selbst in einer ständigen Diskrepanz zwischen dem, was sie sein oder werden *können* und dem, was sie sein oder werden *dürfen*. Das Kind erlebt schon sehr früh den Konflikt zwischen den eigenen (Autonomie)Bestrebungen und den Einschärfungen, Verboten und Geboten seiner Eltern bzw. seiner Herkunftsfamilie (die auch Großeltern, Tanten, Onkel, Geschwister, etc. beinhalten kann – den größten Einfluss dürften allerdings die Eltern ausüben, die auch im Normalfall in ständigem Kontakt zu dem Kind stehen). Eltern haben die Fähigkeit, gleich den guten und bösen Hexen und Zauberern im Märchen, mittels restriktiven Einschärfungen (Geboten) und Zuschreibungen (Attributionen) ihre eigenen Ansichten, Wünsche und Hoffnungen aber auch ihre Ängste und Befürchtungen und damit ihre eigenen Selbst- und Fremdbeschränkungen fest in das zukünftige „Lebensprogramm" ihrer Kinder einzuschreiben, ob nun mit Absicht oder nicht. Diese kindlich erlernten Lebensprogramme oder Scripts im Erwachsenenalter dem Individuum bewusst zu machen und sie wieder zu ändern oder abzulegen erweist sich als sehr schwierige Übung.[16]

---

14 als einfaches Beispiel für eine solche doppelte Transaktion führt Steiner (1992) einen Chef an, der seiner Sekretärin überstunden ankündigt, das aber in Wahrheit als Vorwand nimmt, um sie zum Essen einzuladen. Für einen Außenstehenden, der das Verhältnis zwischen Chef und Sekretärin nicht kennt, muss der eigentliche Hintergrund verborgen bleiben – S.48

15 vergl. STEINER (1992), S.49ff. für eine Kurzbeschreibung bzw. BERNE, Eric (1994): Spiele der Erwachsenen. Psychologie der menschlichen Beziehungen. Reinbek bei Hamburg: Rowohlt Taschenbuch Verlag für eine genaue Analyse

16 vergl. STEINER (1992), S.69ff

Mexikanertum bzw. Chicanismo als Script?

Aus der vorangegangenen Analyse kann nunmehr gefolgert werden, dass den in mexikanischen bzw. mexikanischstämmigen (Groß)Familien aufwachsenden Kindern die „Lebensprogramme" des Mexikanertums bzw. von Chicanismo, Machismo und Marianismo beigebracht werden. Dabei stellt sich sehr rasch heraus, dass sich das Script der Jungen erheblich von dem der Mädchen unterscheidet: der zukünftige mexikanische Mann soll der Herr im Haus werden, er bestimmt über seine Familie, er ist stark und steht in der Öffentlichkeit; die zukünftige mexikanische Frau ist häuslich, zurückhaltend und eine treu sorgende Ehefrau und Mutter, die sich selten, und wenn nach Möglichkeit nur in Begleitung ihres Mannes, in der Öffentlichkeit blicken lässt. Diese Art von Lebensprogrammen ist natürlich nicht rein auf Mexiko oder die Mexikaner beschränkt, sie sind jeweils stärker oder schwächer ausgeprägt global zu finden.[17] Auch die Ansicht, dass in der westlichen Welt / der so genannten „Ersten Welt" diese Art der Ausprägung von Männlich und Weiblich mehr und mehr schwindet, bleibt zu hinterfragen.

Machismo und Marianismo stellen sich gegenseitig ergänzende Konzepte von Männlichkeit und Weiblichkeit dar. Diese Konzepte spiegeln stark die von den katholisch erzogenen spanischen Eroberern mitgebrachten Auffassungen von „männlich" und „weiblich" wieder, auch wenn das den heutigen Mexikanern nicht unbedingt bewusst ist. Auf der einen Seite steht das „aktive" Prinzip des Mannes – er ist das stolze Oberhaupt der Familie, er repräsentiert seine Sippe in der Öffentlichkeit, er Arbeitet außer Haus und er ist der Beschützer seiner Frau und seiner Kinder. Das verhilft ihm gleichzeitig zum Recht sich von einer Frau (Mutter, Schwester, Ehefrau) bedienen zu lassen, er ist von jeglicher Hausarbeit befreit und er darf sogar über Zeit und Tätigkeit seiner Schwester oder seiner Ehefrau bestimmen (nicht die seiner Mutter, über die bestimmt ja schon sein Vater). Rechenschaft ist er nur den anderen mexikanischen Männern, hier wiederum in erster Linie seinem Vater, schuldig. Auf der anderen Seite steht das „passive" Prinzip der Frau – die Frau ist die Dienende. Ihr ureigenster Bereich sind das Haus und die Kinder, zuerst innerhalb ihrer eigenen Familie, wo sie die Mutter bei der Hausarbeit unterstützt und, so sie jüngere Geschwister hat, sich auch um diese mit kümmern muss. Schulbesuch, Bildung und Arbeit außerhalb des Hauses werden der Frau oft verwehrt, das sind Tätigkeiten die dem Mann

---

17   STEINER (1992) bezeichnet diese weit verbreiteten, häufig anzutreffenden Lebensprogramme als „banale" Scripts – vergl. S.114ff sowie S.185-226 zum Thema „Geschlechtsrollenanteile bei der Scriptbildung von Männern und Frauen"

zukommen, der ja seine Familie und deren Belange in der Öffentlichkeit vertreten können muss. Die Frau untersteht ihr Leben lang einer männlichen Autorität, sei es Vater, Bruder oder Ehemann, der sie im Zweifelsfall auch Rechenschaft über ihr Tun schuldig ist.

Die Rollen von Mann und Frau sind mit diesem gesellschaftlich tradierten Schemata und den mit ihnen einhergehenden Erziehungsmodellen für Jungen und Mädchen naturgemäß von Anfang an sehr streng festgelegt. Dabei kommt es natürlich vordergründig zur sozialen Überlegenheit des männlichen Bevölkerungsanteils. Die Perfidie des Marianismo besteht nunmehr aber darin, dass der Frau weisgemacht wird, dass sie in Wirklichkeit die überlegene ist, auch wenn das in der Öffentlichkeit nicht so aussieht. Der Marianismo lehrt die Frauen, dass sie die eigentlich starken in der Familie sind, weil sie einerseits die „Dummheit" und „Ungeschicktheit" der Männer erdulden und gegebenenfalls aus ihrem verborgenen Wirken im Haus heraus sogar korrigieren, und weil sie die viel leidensfähigeren, und damit einhergehend, gottgefälligeren Wesen sind. Der soziale Vorteil, der in der mexikanischen Gesellschaft daraus erwächst als Mann geboren zu sein, wird hier scheinbar in sein Gegenteil verkehrt, um den Frauen ihre Situation erträglich zu machen. Damit liegen hier zwei „banale"[18] Scripts oder Lebensprogramme vor, die sich gegenseitig ergänzen und die immer wieder an die jeweils nächste Generation weitergegeben werden.

Was hat das nun mit Identität und Beschränkung zu tun?

Machismo und Marianismo als sich gegenseitig ergänzende Konzepte von Männlichkeit und Weiblichkeit prägen auch heute noch das Aufwachsen der mexikanischen und mexikanischstämmigen Kinder sowie den Alltag der mexikanischen und mexikanischstämmigen Jugendlichen und Erwachsenen in den Vereinigten Staaten. Mit diesen von den Kindern bis zu einem gewissen Alter meist unterhinterfragt übernommenen Geschlechter-Stereotypen gehen auch gewisse Arten von Beschränkungen und gesellschaftlichen Grenzsetzungen einher. Einerseits eine Selbstbeschränkung: aus der Erziehung heraus und aus dem familiären Umfeld hat jedes Mitglied der Gesellschaft gelernt, dass „man" gewisse Dinge nicht tut.[19] Dieses „Das tut man nicht" im Hinterkopf jedes einzel-

---

18   um bei der Definition von Claude STEINER zu bleiben

19   das trifft natürlich nicht nur auf die hier behandelte traditionelle mexikanische Gesellschaft zu, sondern auf jedwede Gesellschaft. Auch wir in der viel gepriesenen „freien"

nen Individuums übt einen Beschränkungs- und Kontrollmechanismus aus, der sehr weitreichende Konsequenzen nach sich zieht. Dieser Mechanismus bestimmt mit, was eine Person anzieht, was sie isst, wie sie sich in Gesellschaft verhält, wie sie sich gegenüber Fremden verhält, welchen Bildungsgrad und welchen Beruf sie anstrebt, etc. – ein ganzes Leben kann von diesem Beschränkungs- und Kontrollmechanismus vorgefertigt und in seiner „Ausführung" überwacht werden – voilá, ein Skript nach Eric Bernes Transaktionsanalyse.

Neben diesem mehr oder weniger personeninternen Mechanismus der Selbstkontrolle gibt es natürlich auch Grenzsetzungen und Beschränkungen, die von außen kommen. Diese können verschiedenster Natur sein. Einerseits gibt es natürlich physische, territoriale Grenzen: es ist nicht erlaubt die Grenze der Republik Mexiko ohne Visum zu überschreiten und unkontrolliert / illegal in die Vereinigten Staaten von Amerika einzuwandern um dort zu leben und zu arbeiten (obwohl das sicherlich jedes Jahr tausendfach so geschieht). Genauso darf ich als Bewohner der so genannten zivilisierten Welt vermutlich kein Zelt im Garten meines Nachbarn aufschlagen, um dort zu wohnen (in einer herumziehenden Beduinen-Gesellschaft, die am Rand der Sahara lebt, dürfte ich das hingegen vermutlich, zumindest vorübergehend, weil es die Gastfreundschaft dieser traditionellen Gesellschaften gebietet und ein solches Verhalten sozial akzeptabel macht). Daneben gibt es innerhalb von Staaten verwaltungstechnische und legislativ bestimmte Grenzen und Beschränkungen: diverse verwaltungsrechtliche und strafrechtliche Delikte ziehen Strafen in verschiedenem Ausmaß nach sich, wenn man denn dabei erwiesenermaßen erwischt wird. Neben diesen staatlich verordneten Grenzen gibt es auch noch gesellschaftliche Beschränkungen: einerseits allgemeingültige, die im gegenseitigen Umgang eine gewisse Form und bis zu einem gewissen Grad höfliches, vielleicht sogar rücksichtsvolles Handeln gewährleisten sollen, andererseits etablieren sich Regeln innerhalb der verschiedenen Gesellschaftsschichten, die für eben diese gelten und gegenseitiges Erkennen und Abgrenzung gegenüber anderen Gesellschaftsschichten ermöglichen. Die Liste ließe sich vermutlich noch lange fortsetzen.

Allen diesen Arten der Selbst- und Fremdbeschränkung bleibt aber eine gemeinsam: ihre Herausbildung und Akzeptanz ist von verschiedensten inneren und äußeren auf das jeweilige Individuum einwirkenden Faktoren abhängig und, und das wird sich im Zusammenhang mit dieser Arbeit als besonders wichtig erweisen, sie sind, obwohl sie auf den ersten Blick nicht so erscheinen, variabel und veränderbar. Es gibt mit Sicherheit „weichere" Grenzsetzungen und Be-

---

westlichen Welt haben (oft sogar sehr feste und tief sitzende) Vorstellungen und Vorurteile darüber was „man" bzw. „frau" tut und was eben nicht.

schränkungen, die relativ leicht, vielleicht sogar von der betroffenen Person selbst verändert / verschoben werden können, und „härtere" Grenzen, die möglicherweise das Umdenken einer ganzen Gesellschaft oder eine Staatsreform erfordern, was die Veränderung / Verschiebung entsprechend schwieriger macht und vermutlich nur über lange Zeiträume hinweg durchführbar sein wird. Gerade heute, am Beginn des 21. Jahrhunderts, leben wir wieder in einer Zeit, die nach großen gesellschaftlichen Veränderungen zu verlangen scheint.

Mit der Frage, durch welche Mechanismen solche Verschiebungen und Veränderungen von Beschränkungen und Grenzsetzungen (sowohl der selbst auferlegten als auch der fremd erwirkten) möglich werden und wie sie bewerkstelligt werden können möchte ich mich im Folgenden auseinandersetzen. Der Schlüssel dazu werden Mythos, Sprache und Sprechakt sein.

Mythos und Mythosbegriff

Begriff und Theorien des Mythos

Der Mythos lässt sich in der Moderne aufgrund der vielschichtigen Verwendung des Begriffs in den verschiedensten Zweigen der Wissenschaft nur sehr schwer (eigentlich: praktisch gar nicht) auf einen gemeinsamen, Nenner bringen oder gar an ganz spezifischen, für alle Disziplinen gleich lautenden, Orientierungspunkten festmachen. Umso schwerer ist es, eine allgemeingültige Theorie des Mythos aufzustellen und zu vertreten. Auch dieses Werk kann und will das auch gar nicht leisten, es sollen in der Folge aber einige Blickwinkel des Mythos genauer beleuchtet und der Frage nachgegangen werden, wie diese für das vorliegende Thema fruchtbar gemacht werden können.

Der Mythos wird in vielen Fällen anhand von thematischen Spannungsfeldern offenbar, das bekannteste und prominenteste Beispiel dafür ist wohl Platons Gegenüberstellung von Mythos und Logos in der klassischen griechischen Philosophie der Antike. Andere mögliche Vorlagen für solche Spannungsfelder finden sich zum Beispiel in den Gegensätzen von Mündlichkeit und Schriftlichkeit, Öffentlichkeit und individueller Persönlichkeit, Kolonie und Kolonialmacht, das Selbst und der Andere, etc. Der Mythos ist und bleibt demnach nicht auf eine grundsätzliche, allgemein gültige Definition reduzierbar, vielmehr muss er anscheinend immer in pluraler und vielleicht darüber hinaus noch sogar in mehrschichtiger Form gedacht werden. Die für die Mythoskonzeption relevanten Oppositionen sind auch keinesfalls immer nur streng definierte, starre, bipolare Gegenteile, sie können vielmehr auch eine eigene Dynamik entwickeln, innerhalb der sich die mythische Differenz / Opposition erst manifestiert.[20]

Wir wähnen uns in einer Art nachmythischen Zeit, die den Mythos als Denk-, Erzähl- und generelle soziale Organisationsform überwunden hat. Das ist mitnichten so. Trotz oder gerade weil wir uns heute anscheinend vom Mythos (oder dem, was wir dafür halten) distanzieren, ist er allgegenwärtig. Wir sprechen vom „Urbanen Mythos", die Helden und Heldinnen der Bücher, die wir lesen, und der Filme, die wir sehen, sind oft und gerne nach dem Vorbild archetypischer, mythischer Figuren konzipiert, die wir alle kennen. Die Distanzierung vom Mythos scheint geradezu eine Vorbedingung zu dessen gegenwärtiger Ak-

---

20   vergl. MATUSCHEK, Stefan und JAMME Christoph [Hrsg.] (2009): Die mythologische Differenz. Studien zur Mythostheorie. Heidelberg: Universitätsverlag Winter – Einführung, S.10ff

tualität zu sein. Auch darin ist eine wie oben beschriebene Diskrepanz zu erkennen: die Negierung des Mythos und dessen Verweis auf die Vergangenheit bedingen seine Aktualität in der Gegenwart. Der Mythos betätigt sich hier in Wirklichkeit als Katalysator, er stellt eine dauerhafte Brücke zwischen Vergangenheit und Gegenwart her.[21] Das ist auch die Art von Dynamik des Mythos, die für diese Arbeit von Bedeutung sein wird. Sie macht sich nicht ausschließlich an bestimmten materiellen Zusammenhängen fest, sondern viel mehr an den Transformationsprozessen, die durch die oppositionelle Gegenüberstellung in Gang gesetzt werden können. Nicht die verwendete mythische Figur ist der Hauptfokus, sondern die Sinnwenden die sich ergeben können, wenn diese Figur in einen anderen („modernen") Kontext gesetzt wird, oder wenn deren Geschichte aus einem anderen („modernen") Blickwinkel erzählt wird.

„Muss man nun – mit einem nostalgischen Blick auf das Primitive – mythische Vorstellungen nur nach der Funktion des Verlustes, der Distanznahme, der Kluft gegenüber einer prototypischen Form des Mythos beurteilen? Oder ist es nicht denkbar, dass der Reichtum des Mythos vielleicht in eben dieser Fähigkeit zur Verzerrung liegt, durch die er in immer neuen Ausdrucksformen überleben kann? […] In diesem Sinne wäre sein Wesen „mytho-phorisch", d. h., es wäre wie das Bild in einer Metapher zu ständiger Bewegung und zur Übertragung verurteilt."[22]

Durch diese ständige Bewegung und Übertragung in andere Kontexte und andere Aspekte ist der Mythos dann auch fähig, sich ständig zu transformieren und sich dabei einerseits der Gegenwart, dem aktuellen Stand der Dinge anzunähern und sogar anzupassen, andererseits nimmt aber auch der Mythos selbst damit Einfluss auf die Gegenwart und kann daraus resultierend vermittels seiner Anpassung an die aktuelle Gegenwart die Gestaltung des Zukünftigen mit beein-

---

21 vergl. GEBERT, Bent (2009): Sinnwenden – Thesen und Skizzen zu einer Archäologie tropologischer Mythos-Konzepte. In: MATUSCHEK, Stefan und JAMME Christoph [Hrsg.] (2009): Die mythologische Differenz. Studien zur Mythostheorie. Heidelberg: Universitätsverlag Winter, S.45-68 – S.46ff; der Autor bezeichnet solche Mythoskonzepte, die von einer verbindenden Diskrepanz ausgehen, als „tropologisch" (gr. trépein – wenden)

22 vergl. GEBERT, Bent (2009): Sinnwenden – Thesen und Skizzen zu einer Archäologie tropologischer Mythos-Konzepte. In: MATUSCHEK, Stefan und JAMME Christoph [Hrsg.] (2009): Die mythologische Differenz. Studien zur Mythostheorie. Heidelberg: Universitätsverlag Winter, S.45-68 – S.50 – aus: WUNENBURGER, Jean-Jacques (1994): Mytho-phorie. Formes et transformations du mythe. In: Religiologiques 10 (1994), S.49-70

flussen. Er ist damit ständig präsent, auch wenn er sich gar nicht bemerkbar macht, und begleitet unsere Vorstellungen, Beweggründe und Überzeugungen.

Der Mythos am Puls der Zeit

„Mythos" ist und bleibt im zeitgenössischen Sprachgebrauch, wie auch oben bereits beschrieben, ein durchaus recht ungenauer, diffuser, in viele Richtungen dehnbarer Begriff. Darunter versteht man heute einerseits die antiken Götter- und Heldensagen, andererseits die Volksmärchen der verschiedensten Ethnien, daneben wird der Begriff „Mythos" aber auch in Zusammenhang mit modernen und postmodernen Phänomenen verwendet – man spricht z.B. vom Urbanen Mythos oder vom Mythos eines Hollywoodstars oder generell eines Künstlers, Opernsängers, Malers, daneben aber auch vom Mythos in einem Film oder in einer bildnerischen Darstellung etc. – generell wird dem Künstler und seinem Werk gern die Aura des Mythischen zugeschrieben. Der Begriff des Mythos muss in diesem Zusammenhang vorerst ziemlich diffus bleiben und bezeichnet verschiedenste, mehr oder weniger sagenhafte, märchenhafte Dinge, Begebenheiten und / oder Personen, die scheinbar mit einer speziellen Aura, mit speziellen Kräften behaftet sind.

Die Wissenschaft ist sich in ihren vielen Disziplinen bezüglich der Definition des Begriffs „Mythos" bei weitem nicht einig. Die Kultur- und Sozialanthropologin Elke Mader definiert in der Einleitung zu ihrem Lehrbuch der Anthropologie der Mythen den Mythosbegriff folgendermaßen:

> „Mythen sind Geschichten, sie stellen eine spezifische Dimension narrativer Kultur dar, deren vielstimmiger Diskurs in einem breiten Spektrum von Definitionen, Analysen und Interpretationen reflektiert wird."[23]

Sie legt also in erster Linie Wert auf die narrative Struktur des Mythos bzw. der mythischen Erzählungen, lässt jedoch nicht unerwähnt, wie groß in Wirklichkeit der Einfluss der Mythen auf die alltägliche Lebenswelt jedes einzelnen Individuums ist:

> „Mythen aller Zeiten – von Homer bis Hollywood – vermitteln Vorstellungen und Normen, die in diversen sozialen Gefügen zum Tragen kommen. Sie konstruieren einen imaginären Raum, der eng mit der All-

---

23   MADER, Elke (2008): Anthropologie der Mythen. Wien: Fakultas Verlags- und Buchhandels AG – S.7

tagswelt verwoben ist, und zeigen ein breites Spektrum von Bewertungen bestimmter Fähigkeiten, Ereignisse und Handlugen auf."[24]

Der Physiker und Philosoph Carl Friedrich von Weizsäcker betrachtet den Mythos und den Mythenbegriff im Zusammenhang mit der Kunst und dem Kunstwerk im Rahmen seiner Würdigung der Philosophie Georg Pichts in einem Vortrag aus dem Jahr 1983.[25] Er kommt bei seinen Betrachtungen zur Philosophie Pichts zu folgender Auffassung:

„Die ursprüngliche Form der Darstellung, vor deren Hintergrund nach Picht allein Kunst, Philosophie und Wissenschaft interpretiert werden können, ist der Mythos."[26]

Auch er betrachtet, dem deutschen Philosophen Georg Picht folgend, den Mythos als grundlegendes Element unserer Lebenswelt[27], sieht ihn jedoch nicht allein in narrativen Strukturen begründet, sondern viel weitergehend: in jeder Art der vom Menschen geschaffenen Darstellung, ob nun in Sprache, Wissenschaft oder Kunst, liegen mythische Ursprünge. Dabei legt er besonderen Wert auf die Erkenntnis, dass der Mythos die erste dem Menschen zugängliche allgemeine Darstellungsform von schwer zu erklärenden, vielleicht sogar abstrakten Gegebenheiten ist:

---

24 vergl. MADER (2008), S.7
25 WEIZSÄCKER, Carl Friedrich von (1998): Kunst und Mythos. Ein Durchgang durch die Philosophie Georg Pichts. In: Klein, Richard [Hrsg.] (1998): Das Ganze und der Zwischenraum. Studien zur Philosophie Georg Pichts. Würzburg: Königshausen und Neumann – S.13-24; der Vortrag auf den sich diese Zusammenfassung bezieht wurde im Juli 1983 anlässlich einer Gedenkveranstaltung für Georg Picht an der Universität Heidelberg gehalten. Erstmals veröffentlicht wurde er im Jahr 1985 in dem von Constanze Eisenbart erstellten Sammelband Georg Picht – Philosophie der Verantwortung, S. 75-88 (Stuttgart, 1985)
26 vergl. WEIZSÄCKER, Carl Friedrich von (1998), S.20
27 Diese Auffassung vom Mythos als grundlegendes Element der Gesellschaft und als Darstellungsmöglichkeit für die Realität wurde nicht erst von Gerog Picht, sondern schon lange vorher von einer Reihe von namhaften Autoren wie z.B. Giambattista Vico oder Francis Bacon vertreten – vergl. dazu KRUMPEL, Heinz (2010): Mythos und Philosophie im alten Amerika. Eine Untersuchung zur ideengeschichtlichen und aktuellen Bedeutung des mythologischen und philosophischen Denkens im mesoamerikanischen und andinen Kulturraum. Frankfurt am Main: Peter Lang GmbH Internationaler Verlag der Wissenschaften, S.13ff

„Der Mythos ist aber nicht blindes Unterworfensein unter magische Strömungen, unter überpersönliche Mächte. Er ist gerade umgekehrt ihre erste Bannung in der Gestalt, eben in der Darstellung."[28]

Dem Mythos kommt in dieser Gedankenwelt eine äußerst wichtige grundlegende Funktion zu: er dient als erste Möglichkeit zur Darstellung der Natur und ihrer Phänomene, somit praktisch als erste Möglichkeit, physikalische Gegebenheiten verständlich darzustellen und, was in Hinblick auf diese Untersuchung noch wichtiger ist, in geeigneter Form weiter zu geben. In diesem Sinn ist der Mythos wirklich der Ursprung von allem menschlichen Denken und Handeln – daher ist er auch aus der Betrachtung der Möglichkeiten zur Verschiebung von menschlich geschaffenen Grenzsetzungen und Beschränkungen nicht wegzudenken, er muss vielmehr die Grundlage zur Betrachtung unserer aktuellen Lebensumstände und den aktuellen gesellschaftlichen, politischen und wirtschaftlichen Gegebenheiten sein, aus denen heraus eine solche Möglichkeit (nämlich selbst- oder fremdbestimmte, vorgegebene Grenzen zu verschieben) erst möglich und machbar wird. Der Mythos ist gleichzeitig zeitgemäß und zeitlos, er ist aktuell und hat bis heute seine Funktion für die Bildung von menschlichen Identifikationsmustern, der menschlichen Persönlichkeit und der Modi des menschlichen Zusammenlebens, er wird diese Aktualität aller Voraussicht nach auch nicht verlieren.

Mythische Motive und mythisches Erleben

Wenn aber der Mythos von so hoher Aktualität ist, dass er uns, trotz aller Rationalisierung, Modernisierung und Technisierung unseres Lebens, bis ins 21. Jahrhundert hinein begleitet, ist es auch wichtig zu betrachten, *welche* mythischen Motive bis heute aktuell sind – oder ob es ganz im Gegenteil einen Pool von Motiven gibt, der im Bedarfsfall herangezogen wird. Mythen, Märchen und epische Erzählungen haben durch die Zeit betrachtet die verschiedenste Themen, Motive und Episoden hervorgebracht. Manche davon, wie Ursprungsmythen und Flutmythen (um hier nur zwei von vielen weltweit verbreiteten Beispielen zu nennen), sind in fast allen Gesellschaften bekannt und präsent, andere beziehen sich vielleicht nur auf bestimmt Gesellschaften in einer bestimmten Zeit. Die jeweiligen Themen, Motive und Episoden haben sich aber nichts desto trotz im Lauf ihrer Geschichte verändert und wurden immer wieder den aktuellen

---

28   vergl. WEIZSÄCKER, Carl Friedrich von (1998), S.21

Gegebenheiten innerhalb der jeweiligen Gesellschaft und ihrer sich verändernden Struktur angepasst – bzw. können gegebenenfalls als Möglichkeit dienen, die Gesellschaft an sich verändernde Strukturen anzupassen.

Als Motive werden die einzelnen Inhaltseinheiten einer Erzählung (Mythos, Märchen, etc.) bezeichnet. Der Begriff kann sich mit anderen Bezeichnungen, etwa z.b. dem „Thema" überschneiden, die oft in ähnlicher Weise gebraucht werden. Prinzipiell kann sich das Motiv auf die gesamte Erzählung oder aber auch nur auf einen Teil, z.b. eine einzelne Episode der betreffenden Erzählung, beziehen. Gleichzeitig sind aber mythische Erzählungen bzw. Märchen, etc., immer wieder mit mehreren verschiedenen Motiven verbunden, sodass ein Mythos oft auch mehreren Motiven bzw. auch mehreren Themenkreisen zugeordnet werden kann. Davon ausgehend kann eine solche Mythe oder eine mythische Erzählung in verschiedenste Zusammenhänge gebracht und von verschiedensten Standpunkten aus betrachtet und interpretiert werden. Mythen und mythische Erzählungen reflektieren immer den aktuellen kulturellen Kontext – Gesellschaft, Weltbild, religiöse Vorstellungen – in dem sie erzählt werden.[29] Als Beispiel für die Komplexität des Mythenverständnisses und der Motivzuordnung führt Elke Mader in Ihrem Lehrbuch zur „Anthropologie der Mythen" (Facultas, Wien, 2008) das Motiv „Die Geburt Christi" an – dieses mythische Motiv kann einerseits auf einen bestimmten religiösen Kontext, das Christentum, reduziert werden, andererseits kann es aber auch innerhalb einer größeren Kategorie von mythischen Motiven, nämlich der „wundersamen Geburt des Gottes oder Helden" gesehen werden.[30] Auch von Buddha Gautama, Krishna oder den Urmüttern und –Vätern der Inka (um nur einige der bekannteren unter den vielen Beispielen zu nennen) gibt es solche wundersamen mythischen Geburtserzählungen. Im Rahmen der vergleichenden Textstudien werden seit Beginn des 20. Jahrhunderts motiv-vergleichende Untersuchungen durchgeführt und gleichzeitig wird auch versucht, das Verbreitungsgebiet festzustellen. Damit einhergehend entstanden so genannte Motiv-Indizes, die den Vergleich erleichtern und die einzelnen Bezeichnungen für die Motive standardisieren sollen.[31] Die Mythenforschung und Mythenkategorisierung wird also nach wie vor in verschiedenster Ausprägung bis heute, auch universitär, von verschiedenen kulturwissenschaftlichen Schulen betrieben.

---

29   vergl. MADER (2008), S.59
30   vergl. MADER (2008), S.59
31   vergl. MADER (2008), S.59f

Der soziale Kontext des Mythos

Mythen, Märchen und epische Erzählungen beinhalten nun aber nicht nur diverse Motive, Themenkreise und Topoi, sie haben vielmehr auch eine soziale Funktion innerhalb der Gesellschaft zu erfüllen, in der sie präsent und verbreitet sind. Zentrale Fragestellungen mit denen sich die verschiedenen wissenschaftlichen Ansätze zur Mythentheorie und Mythenforschung beschäftigen betreffen daher auch den Zusammenhang zwischen Mythos und sozialem Kontext innerhalb der menschlichen Gesellschaft. So dienen Mythen in einer Gesellschaft beispielsweise zur Legitimation anerkannter sozialer Praktiken, sie dienen als Schablonen für anerkannte politische, ökonomische oder religiöse Handlungen und somit auch als Grundlage für die Entwicklung der Identität von einzelnen Personen und Gruppen die eine Gesellschaft hervorbringt.[32]

Hier wird auch der enge Zusammenhang von Mythos und Sprache ersichtlich, der sich natürlich ergibt, wenn Mythen und Märchen weitergegeben werden – egal ob in schriftlicher oder mündlicher Form. Was für die mündliche Form bezeichnend ist, ist allerdings der hinzukommende „Sprechakt". Der Sprecher / Erzähler transportiert nicht nur die Worte, mit denen er die betreffende Geschichte erzählt sondern auch die dazugehörige Körpersprache, Gestik und Mimik. Damit transportiert er, oft unbewusst manchmal aber natürlich auch bewusst und absichtlich, an die Zuhörer viel mehr als nur den Inhalt einer (mythischen) Erzählung: seinen persönlichen Standpunkt zum Erzählten und den innerhalb der Gesellschaft des Erzählers akzeptierten Standpunkt zu der Geschichte. Dem Mythos ist somit ein Werkzeug, die Möglichkeit einen Lernprozess in Gang zu setzen, dessen Ziel es ist, die soziale, politische, ökonomische und religiöse Struktur und das akzeptierte Verhalten innerhalb einer menschlichen Gemeinschaft weiter zu geben - Sprache und Sprechakt sind unter anderem Anwendungen dieses gesellschaftlichen Lehrwerkzeuges, das letztendlich Einfluss auf jeden einzelnen von uns hat. Verabschieden wir uns hiermit vom Dogma der Objektivität – es ist uns menschlich anscheinend schlichtweg unmöglich, etwas sprachlich weiter zu geben, ohne unsere eigenen subjektiven Ansichten sowie die subjektiven Ansichten des sozialen Gefüges, in dem wir aufgewachsen sind und / oder in dem wir aktuell leben, mitschwingen zu lassen.

---

32   vergl. MADER (2008), S.85

Der Mythos als Manifestation und Repräsentation von Mann und Frau – Mythos und Gender

Eine weitere konstitutive Dimension des Mythos als gesellschaftliches Lehrwerkzeug ist sein Einfluss auf die Definition der Geschlechterrollen innerhalb einer Gesellschaft: so wie sich die allgemeinen anerkannten Handlungen innerhalb einer Gesellschaft durch den Mythos (das Märchen, die epische / mythische Erzählung) darstellen lassen und weiter gegeben werden, können auch die Rollen, die Frauen und Männern innerhalb eines gesellschaftlichen Gefüges zugedacht sind, manifestiert und transportiert werden. Die Konstruktion von Geschlechterrollen bzw. Männlichkeit und Weiblichkeit, inklusive der Legitimation von sozialen und moralischen Normen des Verhältnisses der Geschlechter zueinander ist in sämtlichen Mythen-, Märchen- und anderen epischen Erzähltraditionen zu finden. Ursprungsmythen berichten von der Entstehung der Welt unter dem Mitwirken von männlichen und weiblichen Gottheiten oder Kulturheroen – man spricht von so genannten „gendered cosmologies, Weltbildern, die bestimmte Genderverhältnisse normieren und festschreiben.[33] Mythische Liebesgeschichten dienen dabei als Vorbild für das irdische Konzept von Liebe, Ehe und Sexualität – bekannte Beispiele sind im indischen Mythen- und Märchenkreis zu finden (z.b. im Mahabarata und im Ramayana) aber auch die Rittersagen des europäischen Mittelalters können unter diesem Gesichtspunkt betrachtet werden. Bezeichnenderweise werden diese Stoffe auch nach wie vor immer noch und immer wieder als Vorlagen für aktuelle Film- und Fernsehproduktionen herangezogen.[34] Die Grundmotive und Handlungen vieler Bollywood-Produktionen sind z.b. dem indischen Mythen- und Sagenkreis entnommen[35] – aber auch die westliche Filmindustrie greift gerne auf solche Themen zurück. Die Westernfilme und Roadmovies aus Hollywood nehmen z.b. den Mythos von der Eroberung des amerikanischen Westens auf, bezeichnenderweise bedienen sich auch die Produzenten vieler Zeichentrick- und Animationsfilme für Kinder gerne in der „Mythen- und Märchenkiste". Ein weiteres Indiz für die Aktualität und Popularität des Mythos und für seine wichtige Funktion als Transporteur von gesellschaftlichen Normen und „Wahrheiten".

Dabei beschränkt sich die mythische Erzählung aber nicht nur auf die Darstellung des gesellschaftlich akzeptierten Verhaltens, in vielen Mythen und myt-

---

33   vergl. MADER (2008), S.101
34   vergl. MADER (2008), S.101
35   vergl. MADER (2008), S.101

hischen Erzählungen wird ganz im Gegenteil auch bewusst das Fehlverhalten und die Konsequenzen, die ein solches nach sich zieht, dargestellt. Gleichzeitig wird natürlich auch der Weg gezeigt, wie dieses Fehlverhalte wieder richtig zu stellen ist. Weiters gibt es in vielen Erzählungen mit Bezug auf die Genderproblematik so genannte Tricksterfiguren, die die Grenzen ungestraft überschreiten können, Figuren die zwischen den Geschlechterrollen wechseln können oder ein drittes Geschlecht repräsentieren oder die Entstehung der Differenz zwischen den Geschlechtern nachzeichnen.[36] Auch diese Geschichten werden heute gerne in Film und Literatur aufgegriffen – so wechselt die Hauptfigur in Virginia Woolfs Roman „Orlando"[37] nicht nur im Lauf seines / ihres Lebens das Geschlecht, er / sie lebt auch durch die Zeiten; Captain Jack Sparrow aus der Hollywood-Filmserie „Fluch der Karibik"[38] ist eine klassische Tricksterfigur, die ungestraft alle möglichen Grenzen überschreiten kann, gleichzeitig Mensch und Geist ist, und sein Verbindung zu allerlei mythischen Figuren pflegt.

Mythos und Chicanismo

Der Mythos, seine Funktionen und seine Anwendung, spielen auch eine große Rolle im aktuellen Chicanismo und innerhalb der Chicana-Bewegung. Der große mexikanische Schriftsteller und Literaturnobelpreisträger Octavio Paz stellt diese tiefe Verbundenheit der heutigen Mexikaner mit ihrer mythischen Vergangenheit im ersten Kapitel seines Romans „Sor Juana Inés de la Cruz oder die

---

36 vergl. MADER (2008), S.102 – Tricksterfiguren kommen aber natürlich nicht nur in Mythen vor, die die Frage der Geschlechterrollen behandeln, sie sind generell ein im Mythen-, Märchen- und Sagenkreis weit verbreitet.

37 WOOLF, Virginia (1992): Orlando. Eine Biografie. Frankfurt am Main: Fischer Taschenbuch Verlag GmbH

38 Bis jetzt erschienen sind:
- Fluch der Karibik (engl. Originaltitel: Pirates of the Caribbean: The Curse of the Black Pearl). USA, 2003, Regie: Gore Verbinski
- Pirates of the Caribbean – Fluch der Karibik 2 (engl. Originaltitel: Pirates of the Caribbean: Dead Man´s Chest). USA, 2006, Regie: GoreVerbinski
- Fluch der Karibik – Am Ende der Welt (engl. Originaltitel: Pirates of the Caribbean: At World´s End). USA, 2007, Regie: Gore Verbinski
- Fluch der Karibik – Fremde Gezeiten (engl. Originaltitel: Pirates of the Caribbean: On Strange Tides). USA, 2011, Regie: Rob Marshall.
Bezeichnenderweise basiert diese Geschichte auf einer Themenfahrt, die seit 1968 im Disneyland Resort in Anaheim, Ca., angeboten wird.

Fallstricke des Glaubens"[39] sehr prägnant und einleuchtend dar. Er vergleicht dabei die Geschichte Mexikos mit dessen landschaftlichen Gegebenheiten: Ebenen und Plateaus zwischen hohen Bergen, die diese voneinander trennen. Mit Rückbezug auf dieses bildhaften Beispiels unterteilt er dann die mexikanische Geschichte in drei grundsätzlich voneinander unabhängige aber doch sich aufeinander beziehende und dadurch auch eng miteinander verknüpfte Epochen: die alten Mexica-Imperien, die Kolonie Neuspanien und die moderne Republik Mexiko.[40] So verweben sich auch im hier und heute lebenden mexikanischen Menschen, egal ob mestizischer oder rein indigener Herkunft, egal ob in der Republik Mexiko oder in den Vereinigten Staaten von Amerika beheimatet, die großen Erzählungen und Mythen und damit die sozialen, wirtschaftlichen und politischen Wahrheiten dieser drei großen Epochen der mexikanischen Geschichte und wirken im Chicanismo und natürlich auch in der Chicana-Bewegung weiter. Besonders betont Octavio Paz welche Bedeutung bei der aktuell bestehenden Verknüpfung dieser geschichtlichen Epochen der Negation bzw. Leugnung des jeweiligen Vorgängers zukommt:

> „Jede dieser Gesellschaften ist von der anderen durch eine Negation
> getrennt. Zwischen ihnen besteht zugleich eine Beziehung der Filiation
> und des Widerstreits. Die erste Gesellschaft … wurde von Neuspanien
> geleugnet. Nichtsdestoweniger bleibt Neuspanien unverständlich ohne
> die Existenz der indianischen Welt als das Vorherige und als
> unterschwellige Gegenwart in Sitten und Gebräuchen, in familiären und
> politischen Strukturen, Wirtschaftsformen, Handfertigkeiten, Legenden,
> Mythen (*sic! – SP*), Glaubensinhalten. Die mexikanische Republik
> ihrerseits leugnet Neuspanien; damit setzt sie es fort. Jede Leugnung
> enthält die geleugnete Gesellschaft – und zwar fast immer als maskierte
> und verdeckte."[41]

Dieser Negation des Vorherigen kommt meines Erachtens nicht nur in der Geschichte des mexikanischen Hochlandes eine so große Bedeutung zu. Auch wenn wir die deutsche und österreichische Geschichte über die Jahrhunderte und vielleicht sogar über Jahrtausende betrachten ist die Rolle zu erkennen, die die Negation spielt, und wie durch Verdeckung, Maskierung und gleichzeitig auch

---

39 PAZ, Octavio (1994): Sor Juana Inés de la Cruz oder die Fallstricke des Glaubens. Frankfurt am Main: Suhrkamp Taschenbuch Verlag. (die Originalausgabe erschien erstmals 1982 unter dem Titel „Sor Juana Inés de la Cruz o Las Trampas de la fé" in Barcelona bei Seix Barral)
40 vergl. PAZ (1994), S.26
41 vergl. PAZ (1994), S.26

durch legendäre und mythische Bearbeitung und Weitergabe das vergangene und negierte Element im hier und heute seinen Fortbestand und seine Berechtigung findet. Man betrachte in diesem Zusammenhang als nahe liegendes und einfaches Beispiel aus der Zeitgeschichte den Umgang mit dem Nationalsozialismus. Einerseits wird der Aufarbeitung dieses Themas große Aufmerksamkeit zuteil, wenn es um die Aufklärung der Nachkommen im Geschichtsunterricht in den Schulen geht. Zeitzeugen, historische Romane über diese (eigentlich kurze) Epoche und alte Zeitungsberichte, Wochenschauen, etc. sollen der heutigen Jugend das totalitäre Regime Adolf Hitlers und die menschenverachtende Grundhaltung die in den Nürnberger Rassengesetzen ihren Ausdruck gefunden hat näher bringen. Aber dieser Ansatz muss ein synthetischer, künstlich produzierter und damit distanzierter bleiben, wenn die vorherrschende gesellschaftliche Grundhaltung, üblicherweise zwar nicht offen ersichtlich aber unterschwellig immer mitschwingend, auf einer Leugnung / Negation des Geschehenen basiert. Hier kann ich auch persönliche Erfahrungen mit diesem Themenkreis einbringen: mein Geschichtsunterricht in den 1980er Jahren an einem Gymnasium in einer österreichischen Kleinstadt hat das dritte Reich zwar behandelt aber eben aus einer sehr distanzierten und von außen her betrachteten Haltung. Meine eigenen Großeltern und Urgroßeltern, sofern ich sie kannte, haben über diese Zeit nicht oder nur indirekt gesprochen. diese Haltung des Negierens und Leugnens, eigentlich des „Totschweigens", wie ich sie hier nennen will, war auch bei den Großeltern von Freunden und Schulkollegen zu beobachten. Meine Nachfragen als geschichtlich interessierter Teenager sind meistens auf wenig Gegenliebe gestoßen. Zur (noch vorhandenen!) jüdischen Bevölkerung in Wien ist schwer Kontakt zu bekommen, wenn man nicht ihrer Religionsgemeinschaft angehört. Auch mein Versuch mit österreichisch-jüdischen Kommilitonen an der Universität Wien Kontakte zu knüpfen verlief bis auf ein paar höfliche Gemeinplätze und ein sichtbares Unbehagen meiner Gegenüber nicht besonders erfolgreich (was ich persönlich sehr schade finde, das Judentum war und ist für mich ein Bestandteil der (alt-)österreichischen Kultur). Genauso ließe sich der Übergang vom Kaiserreich zur Republik nach dem ersten Weltkrieg als Beispiel für diese Negation des Vorherigen heranziehen, sowohl in Deutschland als auch in Österreich. Ich möchte diese allgemeinen weltgeschichtlichen Betrachtungen, die im Rahmen dieser Arbeit nicht erschöpfend behandelt werden können, hier aber beenden und zur eigentlichen Fragestellung zurückkehren.

In engem Zusammenhang mit diesen geschichtlichen Brüchen und Grenzziehungen und der damit einhergehenden Negation des jeweils Vorhergehenden steht auch die Mythenbildung. Der Mythos, die mythische oder legendäre Erzählung, ist eine der Möglichkeiten, wie die nunmehr negierte / geleugnete vorherige Lebensrealität in die „neue" Zeit mittransportiert werden und aktuell erhalten werden. Damit bleibt einerseits das Vorhergehende in der Aktualität präsent, andererseits passt es sich aber durch die mündliche, schriftliche und evtl. auch filmisch erzählte Weitergabe immer wieder den aktuellen Lebensumständen und Bedürfnissen der gegenwärtigen Gesellschaft an. So wirken auch die mythischen Darstellungen und Erzählungen der alten Mexica-Göttinen und der großen mythischen Frauenfiguren der mexikanischen Geschichte (wir z.b. Malintzín Tenépal / La Malinche) bis heute nach, indem sie von Schriftstellerinnen und bildnerischen Künstlerinnen der Chicana-Bewegung in den Vereinigten Staaten von Amerika aufgegriffen und neu interpretiert werden.[42]

---

42 Auf diese lange Traditionsgeschichte der Mythen und mythischen Erzählungen weist auch Heinz Krumpel gleich im Vorwort seines Werkes über Mythos und Philosophie im alten Amerika hin – vergl. KRUMPEL (2010), S.9

Die Bedeutung der Sprache

Wie in dieser Arbeit bereits angesprochen verfügt der Mythos über ein eigenes Transportmittel: die menschliche Sprache. Ihr kommt als „Spediteurin" von Mythen, Märchen und Legenden eine mindestens gleich große Bedeutung zu wie der mythischen Erzählung selbst. Die menschliche Sprache ist aber nunmehr ein sehr komplexes Gebilde, das nicht nur aus den reinen Lautäußerungen sondern auch aus der mit diesen einhergehenden Mimik und Gestik sowie der generellen Situation, in der gesprochen wird, besteht. Verschiedenste Determinanten müssen also zusammenkommen und, mehr noch als das, ein stimmiges Bild in den Augen des Zuhörers und Betrachters ergeben, um auch in einer für den Nachrichtenempfänger sozial akzeptablen Form anzukommen und angenommen zu werden.

Die Fähigkeit zur Sprache ist eine grundlegende Fähigkeit des Menschen. Eine solch ausdifferenzierte und hochkomplexe Form der Mitteilung und gegenseitigen Verständigung ist nach unseren derzeitigen Erkenntnissen in der Natur nur dem Menschen gegeben. Die menschliche Sprache ist jedoch weit davon entfernt, nur ein rein theoretisches System von Zeichen und Lauten zu sein, die universell gleich verstanden und in gleicher Form weitergegeben werden können. Sprache ist viel mehr als das – durch Sprache kann sich der aktuellen Status sozialer Verhältnisse darstellen, Machtverhältnisse lassen sich an Kommunikationssituationen ablesen, Ideen, Vorstellungen und Haltungen des Sprechers zu bestimmten Themen werden durch Sprache einerseits lesbar und andererseits auch an den Zuhörer bzw. eine Gruppe von Zuhörern transportierbar. Zur Sprache gehört nicht nur die Tätigkeit des Sprechens an und für sich, sondern auch die dazugehörige Sprachhandlung, der Sprechakt. Der Mensch „spricht" mit dem ganzen Körper, sprechen ist in diesem Sinn eine holistische Tätigkeit. Durch unser extrem ausdifferenziertes Verständigungssystem sind wir in der Lage, alle nur erdenklichen hochkomplexen Inhalte nicht nur in mündlicher, sondern (seit nunmehr etwa 5000 Jahren) auch in schriftlicher Form festzuhalten. Naturgemäß wurde die Untersuchung dieses zutiefst menschlichen Ausdrucksmittels und aller seiner Komponenten ein Anliegen der Wissenschaften. Speziell im 19. Jahrhundert, als die philosophische Fakultät begann sich immer weiter zu verzweigen und damit einhergehend verschiedenste philosophische Spezialgebiete zu eigenständigen Disziplinen der Wissenschaft wurden, wurde auch die Beschäftigung mit der menschlichen Sprache, der Darstellung ihrer Funktionen, ihres logischen Konstruktes, ihrer Begleiterscheinung und ihrer Möglichkeiten zu einem Anliegen der Forschung.

Ist nun aber die lautsprachlich und sprechaktlich übertragene Botschaft für jeden Zuhörer in gleicher Weise lesbar? Bei genauerer Betrachtung stellen wir fest, dass wir hier schon bei den einfachsten Botschaften auf gravierende Unterschiede in der Form der Übertragung und der Aufnahme durch den Zuhörer / Empfänger treffen. Nicht nur zwischen Sendern und Empfängern verschiedener Kulturkreise, sondern auch innerhalb desselben Kulturkreises kann ein und dieselbe Botschaft sehr variantenreich versandt und interpretiert werden. Daran ist deutlich erkennbar, wie sehr unsere Sprache, unser Handeln und unser generelles Mitteilungs- und Verständigungsvermögen mit unserer jeweiligen subjektiven Orientierung innerhalb der Welt, unserem Weltverständnis inklusive aller darin enthaltenen Archetypen, Mythen, Idealvorstellungen etc. zusammenhängt. Dieses subjektive Weltverständnis kommt aber wiederum nicht von ungefähr. Es setzt sich aus verschiedensten Komponenten zusammen, die uns von Anfang an nach und nach mitgegeben werden: als erstes innerhalb der Familie von Eltern, Geschwistern und Verwandten, dann, sobald dem Menschenkind die Interaktion mit Individuen außerhalb der eigenen Familie möglich ist, auch von außen – weitläufigere Verwandte, Bekannte und Nachbarn, Schule und Universität, Arbeitsplatz, religiöse Vereinigungen, Sport- und Musikvereine, staatliche Institutionen – sie alle beeinflussen unsere Lebensauffassung und unser Weltverständnis. Wir entwickeln innerhalb unserer alltäglichen Welt so von früh an ein sehr detailreiches Empfinden dafür, wie in verschiedenen Situationen gesprochen und gehandelt werden darf, ohne die sichtbaren und unsichtbaren Grenzen unserer Gesellschaft zu verletzen. Neben diesen gesellschaftlichen und institutionellen Grenzziehungen erlegen wir uns auch selbst, ob nun bewusst oder unbewusst, eine Reihe von Grenzen auf, die unser persönliches sprechen und handeln regulieren. Die Setzung von gesellschaftlichen, institutionellen und persönlichen Grenzen und die Möglichkeit zu deren Verschiebung durch Sprache und Mythos soll in der Folge untersucht werden. Dabei ist zu beachten: die Sprache ist zwar einerseits die vorgegebene Transportmöglichkeit für den Mythos, und der Mythos kann sich im Laufe der mündlichen oder schriftlichen sprachlichen Weitergabe verändern, umgekehrt kann aber auch der Mythos die Sprache beeinflussen – hier ist vermutlich der Schlüssel für die Funktion des Mythos als Kraft, die Grenzen versetzen kann, zu suchen. Diese Frage will ich jedoch erst weiter unten behandeln, vorerst soll es hier ein Anliegen sein, Sprache und Sprechakt genauer zu untersuchen.

Die gesellschaftliche Komponente der Sprache

Als die Wissenschaft im 19. Jahrhundert begann sich verstärkt mit der Sprache zu beschäftigen, lag der Fokus zunächst auf den logisch-grammatischen Implikationen von Sprache und Sprechen. So beschäftigten sich der deutsche Mathematiker und Philosoph Friedrich Ludwig Gottlob Frege (1848-1925) noch nicht mit dem Sprechakt oder den sozialen Funktionen der Sprache, vielmehr untersucht er in seinen sprachphilosophischen Überlegungen die grammatisch-logischen Zusammenhänge der Sprache und der sprachlichen Zeichen.[43] Im Laufe des 20. Jahrhunderts begann man neben den logisch-grammatischen Fragen der Sprache auch die Bedingungen, unter denen gesprochen wird, zu untersuchen – die Sprache wurde nicht mehr nur als „Ding an sich" untersucht, die Forschung beginnt vielmehr zu hinterfragen wie über die Dinge gesprochen wird – man spricht auch vom „Linguistic Turn", von der Hinwendung zur Sprache. Mit dem „Linguistic Turn" erfolgte auch die Hinwendung zur Untersuchung der sozialen Implikationen der Sprache und damit auch die Erforschung des Sprechaktes, der Sprache als menschliche Handlung.

John L. Austin und John R. Searle – Sprache, Sprechakt und Sprechakttheorie

Der Begründer der Sprechakttheorie: John Langshaw Austin

Als einer der Pioniere der Untersuchung einer Handlungsdimension in der Sprache und als Begründer der Theorie des Sprechhandelns überhaupt gilt der briti-

---

43 Frege beschäftigt sich mit Sinn und Bedeutung der sprachlichen Ausdrücke (er unterscheidet hauptsächliche drei Formen des sprachlichen Ausdrucks: Eigenname, Satz und Begriffsausdruck), wobei zu beachten ist, dass in seinem Sprachgebrauch mit „Bedeutung" der Bezug bzw. die Referenz eines Ausdrucks gemeint ist, während „Sinn" in etwa dem gleich kommt, was wir heute unter Bedeutung verstehen würden. Eine nähere Erörterung der Theorien Freges ist aber hier im Zusammenhang mit dem Thema der Arbeit nicht notwendig.

sche Philosoph John Langshaw Austin (1911-1960).[44] In seinem im Jahr 1962 posthum erschienenen Werk „How to Do Things With Words" (dt. Titel: Zur Theorie der Sprechakte) legt er dar, dass es „performative Äußerungen" gibt, die das, was sie durch die gesprochene Sprache besagen auch gleichzeitig ausführen. Das Sprechen selbst hat also, wie bereits in der Einleitung zu diesem Kapitel dargestellt, einen Handlungscharakter, es reicht somit für eine philosophische Gesamtuntersuchung der Sprache nicht aus, diese auf ihre logisch-grammatischen Zusammenhänge und auf ihre Wahrheitsbedingungen hin zu untersuchen.[45]

Austin gibt die vorerst duale Unterscheidung zwischen konstatierendem und performativem Sprechen jedoch bald als ungenügend auf. Grund dafür ist die Tatsache, dass er sehr bald erkennt, dass die duale Unterscheidung zwischen performativer und konstatierender Sprache innersprachlich, also rein grammatisch, nicht möglich ist. Er verwirft sie also wieder und entwickelt in der Folge die Theorie, dass jeder Gebrauch von Sprache mittels dreier Teilaspekte gekennzeichnet werden kann: er benennt sie als lokutionäre (*dass* wir etwas sagen), illokutionäre (etwas tun, *indem* man es sagt) und perlokutionäre (etwas beim Zuhörer bewirken, *dadurch* dass man etwas sagt)[46] Sprechakte – wobei illokutionäre und perlokutionäre Sprechakte oft schwer voneinander zu unterscheiden sind, die Grenzen sind hier meines Erachtens ohnehin fließend. Mit dieser Unterscheidung setzte Austin die Untersuchung und Klassifizierung der Sprechakte erst so richtig in Gang.[47]

Der Ansatz Austins scheint bei der ersten flüchtigen Betrachtung denkbar einfach zu sein: er erkennt, dass die Frage nach der Wahrheit oder Falschheit eines (alltäglichen) Aussagesatzes nicht rein aus seiner logisch-grammatischen Struktur beantwortet werden kann, sondern dass vielmehr dieser Satz auch als situative Handlung innerhalb eines Verständigungsvorganges zwischen Personen / Personengruppen zu verstehen ist und daher auch als solcher, in diesem Zusammenhang, betrachtet werden muss. Gleichzeitig überschreitet aber Austin mit seinem performativen Ansatz ein bis dahin in der Sprachphilosophie geltendes Dogma: die Sprache ist damit nicht mehr ein reines Repräsentationssystem, das strikt zwischen der sprachlichen Beschreibung und dem durch die Sprache Beschriebenen unterscheidet, der performative Akt spricht und handelt gleichzeitig – er vollzieht durch die Äußerung selbst gleichzeitig was er mittels der gesprochenen Sprache beschreibt. Damit bezieht sich die Sprache nicht mehr nur

---

44 KRÄMER, Sibylle (2001): Sprache, Sprechakt, Kommunikation. Sprachtheoretische Positionen des 20. Jahrhunderts. Frankfurt am Main: Suhrkamp Verlag – S.135
45 vergl. KRÄMER (2001), S.135
46 vergl. KRÄMER (2001), S.139f
47 vergl. KRÄMER (2001), S.136ff

als Außenstehende auf die Umwelt in der sie geschieht, sondern sie ist gleichzeitig aktives Geschehen innerhalb ihrer Umwelt und spiegelt somit auch die aktuellen sozialen Verhältnisse, herrschenden Hierarchien und Machtverhältnisse / Machtgefälle zwischen ihren Protagonisten wieder. Als ein Beispiel für einen einfachen performativen Sprechakt nennt Austin eine Schiffstaufe. Mit dem Satz „Ich taufe dieses Schiff auf den Namen ….“ wird dies durch Zerbrechen der Champagnerflasche am Schiffsrumpf auch gleichzeitig *getan*, und genau darauf kommt es hier an. Der Sprechende sagt, *dass* er etwas tut und tut es auch schon gleichzeitig – es handelt sich also hier im Sinne Austins um einen lokutionären Sprechakt (siehe oben). Nun können solche performativen Sprechakte aufgrund der gleichzeitig gesetzten impliziten Handlung nicht an sich wahr oder falsch sein, sie können aber gelingen oder missglücken. Im Anschluss an die grundsätzliche Frage nach der Performativität des Handelns untersucht Austin nun die Bedingungen, unter denen performative Akte gelingen oder missglücken können. Austin stellt aber im Laufe seiner Untersuchungen bald fest, dass die Unterscheidung von geglückten und missglückten Sätzen nicht nur für performative sondern genauso für konstatierende / feststellende Äußerungen gilt und die Unterscheidungskriterien wahr/falsch und gelungen/misslungen Analogien sind – damit ist dieser Weg zur Untersuchung der Performanz einer sprachlich getätigten Aussage nicht weiter gangbar.[48]

„Die Idee zu einer Theorie des Sprechaktes entsteht bei Austin also nicht einfach mit der Entdeckung, vielmehr der Verwerfung der „performativen Äußerungen“, als Resultat seiner Einsicht, dass die Abgrenzung zwischen performativen und nichtperformativen Äußerungen sich nicht aufrechterhalten lässt.“[49]

Mit dieser Erkenntnis verwirft Austin seine erste Theorie über eine dichotome Unterscheidung von performativen gegenüber von konstatierenden Äußerungen. Eine rein logisch-grammatische, damit also sprachinterne Trennung zwischen Sprache und Sprechakt scheint nicht möglich zu sein. Jedoch macht er sich auf die Suche nach Attributen / Eigenschaften, die für beide Arten des Sprechens gelten können.

Die von Austin als Beispiele genannten performativen Sprechakte, Heirat, Schiffstaufe, Wette oder Testament, bezeichnet Sibylle Krämer auch als „institutionelle Performativa“[50] – diese institutionellen Performative sind nicht nur sprachliche Äußerungen, sie stellen soziale Handlungen dar. Sie sind mit Ritua-

---

48   vergl. KRÄMER (2001), S.138ff
49   vergl. KRÄMER (2001), S.140
50   vergl. KRÄMER (2001), S.140

len bzw. Zeremonien vergleichbar und wurzeln nicht in der sprachlichen Logik sondern in sozial anerkannten und wichtigen außersprachlichen Ereignissen. Sie zeigen auch die sozialen Kräfteverhältnisse bzw. vorhandene Machtverhältnisse und –Gefälle an, da offensichtlich nur bestimmte Sprecher (Standesbeamte, Notare, etc.) autorisiert sind diese institutionellen Performativa durchzuführen[51] – mit dieser Frage nach der Sprache als Darstellung sozialer Verhältnisse möchte ich mich weiter unten, beim französischen Soziologen und Philosophen Pierre Bourdieu, noch eingehender beschäftigen.

„Als „wahr" erweist sich also eine performative Äußerung nur, wenn es in einer Kultur soziale Praktiken gibt, die eine solche Äußerung anerkennen und „vollziehen" indem sie mit ihr konform gehen."[52]

Dieser Satz kann meines Erachtens eine gewaltige soziale Sprengkraft beinhalten, wenn man bedenkt, wie oft die Protagonisten der westlichen Leitkultur nicht nur in der Vergangenheit, sondern auch noch in der Gegenwart, die Protagonisten anderer Kulturkreise als „rückständig" oder gar als „minderwertig" implizieren, und damit ein Miteinander der Kulturen schon rein auf sprachlich-institutioneller Ebene zumindest gestört, wenn nicht gleich völlig unterbunden wird. Wenn das illokutionäre Moment (also das handeln *indem* wir etwas sagen) von Sprecher / Sender und Zuhörer / Empfänger sich nicht entsprechen, sind Missverständnisse vermutlich vorprogrammiert und müssten in einem solchen Dialog von vorne herein berücksichtigt und hinterfragt werden, um ein besseres gegenseitiges Verstehen zu ermöglichen.

Das Illokutionäre löst somit das Performative als Schlüsselbegriff in Austins Sprechakttheorie ab. Während das rein Pervormative nunmehr nur sprachlichen Äußerungen mit zeremoniellem / institutionellem Charakter zukommen kann, muss jedem Sprechakt ein illokutionäres Moment, eine intersubjektive Bindungskraft zwischen Sprecher / Sender und Zuhörer / Empfänger, zukommen. Konstative und performative Äußerungen werden damit einfach, wie viele andere Arten von Äußerungen auch, zu speziellen Formen des illokutionären Sprechaktes.

Was aber in Zusammenhang mit Austins neuer Herangehensweise an Sprache und Sprechakt für diese Arbeit am interessantesten ist, ist sein tiefer Skeptizismus gegenüber einer feststehenden Definition von Begriffen. Auch Sibylle Krämer weist in ihrem Werk „Sprache, Sprechakt, Kommunikation. Sprachtheoretische Positionen des 20. Jahrhunderts." (2001) darauf hin, dass die Möglich-

---

51   vergl. KRÄMER (2001), S.141
52   vergl. KRÄMER (2001), S.141

keit besteht, Austins „How To Do Things With Words" nicht konstatierend, sondern, ganz im eigentlichen Sinne des Verfassers, „performativ" zu lesen. Sein Text würde dadurch selbst zu einer Aufführung, einer Performance, und diese Performance würde letztgültig das Scheitern der philosophischen Begriffsbildung am angewandten Beispiel aufzeigen – ein für die Schulphilosophie tödliches Unterfangen.[53]

> „Es geht um den Absolutheitsanspruch, dass begriffliche Unterscheidungen die Welt nicht nur beschreiben, sondern dass die Welt wirklich so ist, wie die Begriffe es besagen. Hier erst zeichnet sich die Pointe der sich auf das philosophische Tun selbst beziehenden Idee vom Sprechen als Handeln ab: Der performative Anspruch, die Welt so sein zu lassen, wie die Philosophie es beschreibt, scheitert schon aus dem einfachen Grund, weil Begriffe und Beschreibungen selbst ein Teil der Welt sind. Philosophen sprechen (und schreiben), also ist ihr Sprechhandeln, wie alle Sprechakte, dem Scheitern und Verunglücken ausgesetzt."[54]

Wenn nun aber die strenge, feststehende Begriffsbildung und Begriffsverwendung der Schulphilosophie sich als Schall und Rauch erweisen sollte, so sind wir möglicherweise für immer auf den Mythos zurückgeworfen. Ihn verstehen wir anscheinend intuitiv und kollektiv, wir können dieses tiefe menschliche Verständnis aber nicht in feststehenden Begriffen beschreiben. Und hier liegt die Chance, den Mythos positiv einzusetzen: wenn der Mythos und seine ständig vor sich gehende Veränderung und Anpassung an die aktuellen Lebensverhältnisse der Menschen, die ihn kennen und erzählen, auf eine unaussprechliches Verständnis trifft, kann er auch in er Lage sein, Grenzen zu versetzen und zu einem besseren gegenseitigen Verständnis beizutragen.

Austins Nachfolger: John Rogers Searle

Genauso wie der Brite Austin betont auch der amerikanische Philosoph John Rogers Searle (*1932) die Wichtigkeit des illokutionären Aktes für die Sprache, geht bei dessen Untersuchung aber um einiges logisch-formaler vor, als das ursprünglich von Austin angedacht war. Searle selbst betrachtet seine Sichtweise der Sprechakttheorie als Fortführung von John L. Austins grundsätzlichen Über-

---

53   vergl. KRÄMER (2001), S.150f
54   vergl. KRÄMER (2001), S.152

legungen zu dieser Problematik.[55] Er geht für seine Sprechakttheorie von zwei grundsätzlichen Voraussetzungen der Sprache aus: von der Sprache als Regelwerk, einer „regelgeleiteten Form des Verhaltens" und von einem „Prinzip der Ausdrückbarkeit", was in seinem Sinn bedeutet, dass alles, was gemeint ist, auch gesagt werden kann.[56] Zum einen untersucht Searle die normative Dimension von Regeln, die Sprache und Sprachgebrauch betreffen, und er hält fest, dass diese Regeln es innerhalb einer Gesellschaft möglich machen, zwischen richtigem und falschem Verhalten zu unterscheiden – Sprechakte werden also im Rahmen und in Übereinstimmung mit den bereits anerkannten sozialen Regeln innerhalb einer Gesellschaft vollzogen. Damit eröffnen sich aber gleichzeitig auch die diversen Möglichkeiten zum Missbrauch dieses sprachlich-sozialen Regelwerks.[57] Zum anderen postuliert Searle, dass die Sprache erst im Vollzug des Sprechaktes – und eben nicht rein durch die sprachlichen Symbole – eine Bedeutung erhält. Er verwirft somit alle referenzsemantischen Theorien, die den einzelnen Wörtern eine Bedeutung zusprechen, die wiederum erst den Wahrheitswert eines Satzes konstituieren können. Die sprachlichen Zeichen sind für Searle ausdrücklich *nicht* die Träger der Bedeutung eines Satzes. Dabei sieht er jedoch davon ab, daraus abzuleiten dass die Bedeutung eines bestimmten Sprechaktes rein in den Absichten des jeweiligen Sprechers fundiert ist, vielmehr betont er die gleichzeitige Wichtigkeit und Wirkung der sozialen Regeln und Konventionen – die Sprechabsicht und die geltenden Regeln / Konventionen müssen zusammenspielen um dem jeweiligen Sprachakt erst eine adäquat verständliche Bedeutung verleihen zu können. Es handelt sich also um ein Zusammenspiel von Innen- und Außenwelt des Sprechers, durch das erst die Ausdrückbarkeit einer jeden menschlichen Intention hergestellt und gleichzeitig auch sichergestellt wird.[58]

Grundsätzlich unterscheidet Searle in Bezug auf den Sprechakt, den er als kleinste Einheit der menschlichen Kommunikation betrachtet, zwischen illokutionärer Funktion und proportionalem Gehalt. Als illokutionäre Funktion bezeichnet er die jeweilige Rolle, in die sich der Sprecher begibt, um mit seinem

---

55   vergl. KRÄMER (2001), S.55
56   vergl. KRÄMER (2001), S.57
57   vergl. KRÄMER (2001), S. 57f – Searle unterscheidet zwischen regulativen Regeln, die ein bereits bestehendes Verhalten in geordnete Bahnen lenken sollen, und konstitutiven Regeln, die ein bestimmtes Verhalten überhaupt erst hervorbringen (etwa zu vergleichen mit Spielregeln). Den Sprechakt ordnet er den konstitutiven Regeln zu – diese Auffassung wird allerdings auch kritisiert, z.B. von VOSSENKUHL Wilhelm, (1982): Anatomie des Sprachgebrauchs. Über Regeln, Intentionen und Konventionen menschlicher Verständigung. Stuttgart: Klett-Cotta, S.35-47
58   vergl. KRÄMER (2001), S.59f

Sprechakt etwas Bestimmtes zu erreichen. Als proportionalen Gehalt bezeichnet er die Referenz und die Prädikation der jeweiligen Aussage, die in Zusammenhang mit dem Sprechakt getätigt wurde. Dabei darf aber nicht außer Acht gelassen werden, dass der Sprechakt sich für Searle keinesfalls aus der Summe von illokutionärer Funktion und proportionalem Gehalt ergibt – vielmehr bleibt der proportionale Gehalt immer von der illokutionären Funktion abhängig, die ihm erst seine jeweilige Bedeutung verleihen kann. Nichts desto trotz bewahrt sich Searle, im Gegensatz zu Austin, eine große Nähe zur satz- und wortorientierten Sprachbetrachtung bzw. geht in der Nachfolge Austins wieder auf eine solche Betrachtung zurück – der Sprechakt als Grundeinheit der Kommunikation wird bei Searle anhand der Satzgrammatik modelliert und betrachtet.[59] Da, wie bereits Austin feststellte, Sprechakte ganz offensichtlich aber auch scheitern können, befasst sich auch Searle als nächstes mit den Bedingungen, die einen gelungenen Sprechakt ermöglichen – er unterscheidet schließlich 6 Gruppen von notwendigen Erfüllungsbedingungen:[60]

- Normalitätsbedingungen
  Sie sind die grundlegenden Möglichkeitsbedingungen für jede nur vorstellbare Kommunikation. Auffällig ist, dass Searle von vorne herein von sehr strengen, fast laborhaften, Bedingungen für seine „Normalität" der Sprachhandlung ausgeht: einerseits schließt er alle Sprecher mit geistigen oder körperlichen Beeinträchtigungen von vorne herein vom gültigen Sprechen aus, andererseits – und das ist für den hier zu bearbeitenden Themenkreis wesentlich interessanter – fordert er als Bedingung für normales Sprechen sowohl dass der Sprecher bei vollem Bewusstsein und frei von Zwang ist als auch dass es sich nicht um sekundäre Formen der Kommunikation (Rollenspiele, Witze, Metaphorik, Ironie, Sarkasmus, etc.) handelt. Somit schließt Searle wesentliche Gegebenheiten, die wir in täglichen Gesprächen und Kommunikationssituationen vorfinden, von vorne herein aus. Diese Bedingungen für normales Sprechen setzen ein emotionsloses Betrachten des jeweiligen Gesprächsthemas durch den handelnden Sprecher voraus, und viel mehr noch kann diese Art von Sprechen nur vorkommen, wenn die sozialen Machtgefälle zwischen Sprecher, Zuhörer und Mithörer ausgeschaltet ist – beides wird in einer alltäglichen, „normalen" Gesprächssituation nicht unbedingt der Fall sein. Darüber hinaus beinhaltet unser tägliches Sprechhandeln in vielen Fällen das einnehmen von Rollen (z.B. in beruflichen oder schulischen Situatio-

---

59   vergl. KRÄMER (2001), S.60ff
60   vergl. KRÄMER (2001), S.62ff

nen oder innerhalb eines zwischenmenschlichen sozialen Gefüges wie z.B. innerhalb der Familie) und wir verwenden sehr oft metaphorische, ironische, sarkastische Ausdrucksformen – beides würde von Searle von vorne herein von der Funktion als Sprechakt ausgeschlossen, es handelt sich für ihn um sekundäre Formen der menschlichen Kommunikation. Rhetorik ist von vorne herein nicht als Teil der Sprechakttheorie und der Sprechaktanalyse nach Searle zu betrachten[61] Andere Autoren, auf die ich weiter unten eingehe, nämlich Judith Butler und Pierre Bourdieu, betonen, ganz im Gegensatz dazu die Wichtigkeit gerade der physischen, psychischen und sozialen Komponenten von Sprache, Kommunikationshandlung und Sprechakt! Genau hier scheiden sich bei genauerer Betrachtung die Geister, denn wenn ich von einer Sprechhandlung ausgehe, die eigentlich nur in einer laborhaften Versuchsanordnung gültig ist, und die praktisch jedwede alltägliche Bedingungen der zwischenmenschlichen Kommunikation (wie Emotionalität, soziale Machtverhältnisse und sog. sekundäre Kommunikation) von vorne herein ausschließt, kann es anhand dieser Theorie nicht möglich sein, die Wirkung und Tragweite der menschlichen Kommunikation zu erfassen.

- Bedingungen für den propositionalen Gehalt
  Der propositionale Gehalt eines Satzes steht immer in einem Abhängigkeitsverhältnis zur illokutionären Funktion des Sprechaktes.[62]
- Einleitungsbedingungen
  Sie sind die jeweiligen Vorbedingungen, die erfüllt sein müssen, damit ein Sprechakt überhaupt erst sinnvoll sein kann. Es ist z.B. sinnlos jemanden zu einer Tätigkeit aufzufordern, der er bereits nachgeht, oder sich für eine Sache zu entschuldigen, die man nicht zu verantworten hat.[63]
- Aufrichtigkeitsbedingungen
  Die Meinung des Sprechers muss mit dem von ihm gesagten Worten übereinstimmen.[64]
- Wesentliche Bedingungen
  Sie beinhalten die besondere Rolle des jeweiligen Sprechaktes, der Sprecher muss gleichzeitig aber auch bereit sein, die entsprechende Verantwortung für das von ihm gesagte zu übernehmen. Er „haftet" praktisch für seine eigene Aussage, so ist z.B. bei einem Versprechen zu erwarten, dass es gehalten wird.[65]

---

61 vergl. KRÄMER (2001), S.62f
62 vergl. KRÄMER (2001), S.64
63 vergl. KRÄMER (2001), S.64
64 vergl. KRÄMER (2001), S.64f
65 vergl. KRÄMER (2001), S.65

- Bedeutungstheoretische Bedingungen
  Searle setzt hier nicht nur voraus, dass der Zuhörer die Intention des Sprechers (den illokutionären Effekt) erkennt, sondern vielmehr auch dass die sprachlichen Konventionen selbst sicherstellen können, dass die jeweilige Intention erkannt wird.[66]

Basierend auf diesen sehr komplexen Bedingungen für den Vollzug eines gültigen Sprechaktes leitet Searle nun vier Regeln ab, mit denen er die Verwendung von ausdrücken klassifiziert, die es dem Sprecher ermöglichen die Art des intentierten Sprechaktes anzuzeigen. Es handelt sich dabei um (1) Regeln des propositionalen Gehalts, (2) Einleitungsregeln, (3) Aufrichtigkeitsregeln und (4) wesentliche Regeln. Diese sind sehr eng mit den oben explizierten Bedingungen verbunden und sollen hier nicht weiter erläutert werden.

Viel wichtiger ist für Searle im Folgenden die Klassifikation der zur Verfügung stehenden Sprechakte. Wesentlich dafür ist der sog. „illokutionäre Punkt", der von Searle (und Vanderveken) als Grundbegriff für die Erfassung des Sprechaktes verwendet aber nicht weiter expliziert wird.[67] Nach Searles Unterscheidungskriterien gibt es letztgültig nur fünf Typen von Sprechakten. Er unterscheidet hierbei nach:[68]

- Illokutionärem Zweck
- Anpassungsrichtung von Wort und Welt
- Dem jeweils ausgedrückten psychischen Zustand

Daraus leitet er anschließend die folgenden fünf Arten von Sprechakten / illokutionären Punkten ab:

1) Repräsentativa – der Sprecher äußert etwas, das seiner Ansicht nach der Fall ist – das Wort wird mit der Welt in Übereinstimmung gebracht – das würde dem psychischen Zustand der Überzeugung, dass etwas so ist / der Fall ist entsprechen. (z.B.: feststellen, behaupten, etc.)
2) Kommisiva – der Sprecher legt sich auf ein zukünftiges Handeln fest – die Welt ist zukünftig mit dem Wort in Übereinstimmung zu bringen – der entsprechende psychische Zustand ist die Absicht (z.B.: versprechen, ankündigen, drohen, etc.)

---

66   vergl. KRÄMER (2001), S.65
67   KRÄMER (2001), S.66 – Sibylle Krämer bezieht sich hier auf SEARLE, John R. und VANDERVEKEN, Daniel (1985): Foundation of Illocutionary Logic. Cambridge, Mass.: Cambridge University Press
68   vergl. KRÄMER (2001), S.66

3) Direktiva – der Sprecher will den Zuhörer veranlassen, etwas zu tun – die Welt ist ebenfalls mit dem Wort in Übereinstimmung zu bringen – der psychische Zustand ist der Wunsch (z.B.: fragen, befehlen, raten, etc.)

4) Deklarativa – durch Sprechen / Sprache werden neue Fakten in der Welt geschaffen, die allerdings an außersprachliche Verhältnisse und Institutionen gebunden sind – die Übereinstimmung zwischen Welt und Wort sind von diesen herzustellen (z.B.: kündigen, nominieren, exkommunizieren, etc.)

5) Expressiva – der Sprecher bringt seine inneren Zustände zum Ausdruck – eine Übereinstimmung zwischen Welt und Wort ist hierbei nicht notwendig.[69]

Wir sehen hier also, dass sich Searle bei seiner Definition der möglichen Sprechakte hauptsächlich auf die Relation zwischen Wort und Welt beruft.[70] Für die Frage, ob Mythen Grenzen verändern können werden sich möglicherweise die Deklarativa (4) und Expressiva (5) als besonders fruchtbar erweisen. Allerdings stellt eine Verwendung von Deklarativa und Expressiva in diesem Sinn vermutlich bereits eine grobe Abweichung von Searles Sprechakttheorie dar, da Searle selbst die Definition, was denn überhaupt ein gültiger Sprechakt sei, sehr eng gefasst hat:

„Wir sehen, wie diese Klassifikation orientiert ist an der Achse einer Relation von Sprache und Welt, auf die hin alles anzuordnen ist, was überhaupt als Sprechakt gilt. Redeweisen, für welche diese Achse nicht von Belang ist, fiktionale Diskurse im Theater und in der Literatur oder der religiöse Diskurs im Gebet, gelten dann auch nicht als Sprechakt."[71]

Die Untersuchung von Mythen im Sinne der Sprechakttheorie nach John R. Searle als illokutionäre Punkte wäre somit also gar nicht möglich – dennoch möchte ich in meiner Untersuchung nicht außer acht lassen, dass die rein fiktive Darstellung von Wort und Welt und damit auch vom illokutionären Punkt / Sprechakt auf der Darstellung von realen Verhältnissen zwischen Wort und Welt beruhen kann.

---

69 vergl. KRÄMER (2001), S.66f
70 vergl. KRÄMER (2001), S.67 – Searle erachtet insgesamt vier Übereinstimmungsrichtungen von Wort und Welt als gegeben und vorstellbar: Wort zu Welt (Assertiva), Welt zu Wort (Kommisiva, Direktiva), zugleich von Wort zu Welt und von Welt zu Wort (Deklarativa) und eine „leere" Richtung ohne Übereinstimmung im Verhältnis von Wort und Welt (Expressiva)
71 vergl. KRÄMER (2001), S.67

Judith Butler – Sprache und Performativität

Bevor wir nun zu Pierre Bourdieu und seinen Betrachtungen zur sozialen Funktion der Sprache übergehen, möchte ich noch auf die amerikanische Philosophin Judith Butler (*1956) und ihre Betrachtungen zur Performativität und der damit einhergehenden sozialen und politischen Handlungsmacht / Wirkkraft in Zusammenhang mit Sprache, Sprachgebrauch und Sprechakt eingehen.[72] Grundsätzlich wird Judith Butler mit ihren (oft provokanten) Positionen zwar hauptsächlich innerhalb der feministischen Debatte rezipiert, in ihrem 1997 erschienenen Werk „Excitable Speech. A Politics of Performaticity"[73] (dt. 1998: „Haß spricht. Zur Politik des Performativen"[74]) wendet sie sich aber auch sprachphilosophischen Fragen zu. Ihre Überlegungen zur transformativen Kraft des Sprechaktes und zu seinen politischen und sozialen Implikationen leiten gleichzeitig auch zu Pierre Bourdieu und seinen Betrachtungen zu den Funktionen der Sprache im gesellschaftspolitischen Raum über.

An der Basis versucht Judith Butler ihre Überlegungen zum sozial konstruierten Geschlecht mit der Sprache korrespondieren zu lassen – das gelingt ihr mittels Untersuchung der Performativität von sprachlichen Äußerungen, also wiederum mittels Untersuchung des Sprechaktes. Sie geht davon aus, dass „symbolische Handlungen – jedenfalls unter bestimmten Umständen – außersymbolische Tatsachen schaffen können."[75] Auch sie konzentriert sich bei ihren Untersuchungen auf das Verhältnis zwischen der Sprache und den Machtpositionen, die durch die Benutzung und Performativität dieser Sprache hergestellt und gefestigt werden können. Butler versucht dafür solche Situationen heranzuziehen, in denen Sprechen und Tun nicht übereinstimmen, bzw. wo das Sprechen nicht gleichzeitig die Handlung ist. Sie will damit jedoch nicht vor Austin zurückgehen, vielmehr will sie damit zeigen, dass die Handlungsmacht der Sprache auch in Zusammenhang mit einer gewissen transformatorischen Kraft steht – Sprache und Sprechakt haben die Macht unsere Weltsicht zu bestimmen und zu verändern. Gerade in Hinblick auf diese Möglichkeiten der sprachlichen Handlungsmacht konzentriert sich Judith Butler, wenn sie die politische Dimen-

---

72 vorab möchte ich festhalten, dass BUTLER terminologisch nicht zwischen „performativ" und „illokutionär" unterscheidet

73 BUTLER, Judith (1997): Excitable Speech. A Politics of Performaticity. New York, London: Routledge

74 BUTLER, Judith (1998): Haß spricht. Zur Politik des Performativen. Berlin: Berlin Verlag

75 vergl. KRÄMER (2001), S.241

sion des Sprechens und der Sprachhandlung betrachtet. Die Frage, die sie sich dabei stellt, ist aktuell eine hochbrisante: kann die sprachtheoretische Handlungsmacht und die Wirkkraft des Sprechens / des Sprechaktes eine Legitimation für die Verurteilung von sprachlichen Taten herangezogen werden? Liegt es nunmehr in der Händen einer staatlichen Justiz, zu entscheiden, wann Worte reine Kommunikation und persönlich Meinung (und damit zumindest theoretisch durch die Meinungsfreiheit geschützt) sind, und ab welchem Punkt sie einen „Tatbestand" verkörpern? Butler weist deutlich auf die Möglichkeit hin, aufgrund der Einheit von Sprache und Handlung eine staatliche Zensur einzuführen und dabei gleichzeitig diese Art der „indirekten" Zensur außer Frage zu stellen: Sagen ist schließlich Tun.[76] Dieser Ansatz führt bei Weiterverfolgung letztgültig in ein demokratiepolitisches Dilemma:

> „Die Theorie einer Handlungsmächtigkeit des Sprechens kann zugleich eine Legitimation von Staat und Justiz, die dann wiederum eine Entmächtigung der Sprechenden selbst im Namen der Staatsräson zur Folge haben kann."[77]

Genau hier sucht Judith Butler ihren Ansatz, wenn sie betrachtet, wann und unter welchen Bedingungen Sprechen und Handeln eben *nicht* zusammenfallen, und damit die Untersuchung der illokutionären Macht des Sprechaktes noch einmal aus einer anderen Perspektive beginnt. Damit geht eine Lockerung der Bindung zwischen Sprache / Sprechakt und Handlung einher, die letztgültig darauf fußt, dass Sprache und Sprechakt ihre illokutionäre Kraft nicht nur im Erhalt der bestehenden politischen und sozialen Machtverhältnisse, sondern vielmehr auch in der Transformation derselben und deren Veränderung bzw. Anpassung an die aktuellen Gegebenheiten beinhaltet. Die sprachliche Performanz ermöglicht es somit, nicht nur den erhalt menschlicher Konventionen, sondern vielmehr eröffnet sie auch die Möglichkeit, diese Konventionen zu verändern und / oder zu brechen. Auch Butler bricht mit dieser Betrachtung der Sprache und des Sprechaktes mit einer philosophischen Konvention: die reine Betrachtung der Bedingungen, unter denen Sprechakte gelingen oder misslingen reicht nicht mehr aus, um der Theorie von Sprechen und Sprechakt gerecht zu werden.[78] Es besteht die Möglichkeit, durch absichtliches „performen" eines misslungenen Sprechaktes politische und soziale Macht auszuüben – und genau diese Möglichkeit wird in der Folge dieser Arbeit ein Ansatz für die Betrachtung der verändernden Kraft von Mythen sein.

---

76 vergl. KRÄMER (2001), S.242f
77 vergl. KRÄMER (2001), S.244
78 vergl. KRÄMER (2001), S.244

Da Sprache, wie bereits oben geschildert, eine zutiefst menschliche Eigenschaft und der Mensch damit auch ein „Sprachwesen" ist, wird der Mensch vermutlich auch zu einem gewissen Teil durch Sprache konstituiert, er ist sozusagen ein diskursives Wesen. Sprache gibt den Menschen die Möglichkeit, sich gegenseitig anzusprechen und sich selbst und den Dingen Namen zu geben. Judith Butler subsumiert diese Fähigkeit als „Anrufung" (engl.: „invocation", „interpellation") und verortet hier die Entstehung von menschlicher Identität und menschlicher Einbindung in die Gesellschaft (auch Pierre Bourdieu sieht das ähnlich, auch er verbindet die Identität mit der von der Gesellschaft zugeschriebenen Benennung – siehe unten). Hier entsteht unsere eigene sprachliche Existenz – die, wenn der Mensch ein „Sprachwesen" ist, konstitutiv für unser soziales Dasein und unsere Einbindung in Ort und Zeit ist – wir selbst können mittels dieser Anrufung, dieses Namens benannt werden, und wir lernen nach und nach auch, andere Menschen und die Dinge in der Welt zu benennen („anzurufen"). Durch diese Namen erfolgt die Einbindung in die Sprachgemeinschaft, innerhalb der der Mensch zum sprechenden Subjekt wird und ansprechen bzw. selbst angesprochen werden kann.[79]

Genau in dieser Namensgebung verortet Judith Butler nun die Möglichkeit zur Machtentfaltung, Machterhalt und Machtpositionierung mittels Sprache und Sprechakt. Einerseits ist der Mensch bei der Namensgebung / Anrufung an Konventionen gebunden, die bereits in der bestehenden Gesellschaft und in deren Sprache präexistent sind, andererseits kann die Institution der Namensgebung innerhalb der Konventionen dieser Gesellschaft absichtlich missbräuchlich verwendet werden, Schimpfnamen und verletzende Konnotationen können verwendet werden.[80]

Die Frage, ob Butler mit dieser Auffassung hinter Austin zurückgeht, und damit wieder ein Primat der Sprache gegenüber dem Sprechen selbst / der Sprechhandlung postuliert, lässt sich erst klären, wenn man ihre Auffassung von der Performativität der Sprache mit einbezieht. Wenn ein gelungener Sprechakt die volle Entfaltung der Handlungsmacht eines Sprechers darstellt, gesteht die Sprechakttheorie den Menschen dir größte Gestaltungsmacht zu, die gesellschaftlich und politisch autorisiert sind, die Sprache als Instrument für ihre ureigensten Absichten zu gebrauchen. Die Grundlage für die performative Kraft von Sprechakten ist die Absicht des jeweiligen Sprechers. Wenn Butler nun jedoch darauf hinweist, dass der Mensch weder die Macht hat, in die Zukunft zu sehen noch sich alle gegenwärtig vorhandenen Informationen gleichzeitig aneignen oder überhaupt bewusst machen kann, zeigt sie sehr deutlich, dass es auch keine

---

79   vergl. KRÄMER (2001), S.244ff
80   vergl. KRÄMER (2001), S.246

Garantie dafür gibt, dass die Absicht des Sprechers deckungsgleich mit der aktuell realen Situation ist oder der zukünftigen Entwicklung der Situation sein wird. Dem Menschen kommt also keine „göttliche Macht" zu, daneben verfügt der Mensch, der nicht Gott ist, noch über eine physische Erscheinung, und dieser menschliche Körper ist imstande sich parallel zum Gesagten ebenfalls mitzuteilen. Wenn der Sprechakt nun eine körperliche Handlung ist, stellt er eigentlich eine gedoppelte Aussage dar: die Sprache und die parallel laufende körperliche Handlung, deren Aussage nun aber nicht unbedingt übereinstimmen müssen, sondern sich vielmehr sogar widersprechen können. Der Sprechakt entzieht sich also letztgültig der vollständigen Kontrolle durch den Sprecher, er ist für den Sprecher nicht mit voller Absicht bis ins letzte Detail beherrschbar oder gar berechenbar. Die Diskursivität selbst relativiert sich hier durch die nicht ausschaltbare Ambivalenz zwischen Geist und Körper, Bewusstsein und Un(ter)bewusstsein des Sprechers.[81]

Wenn die Bezugnahme auf die Intention des Sprechers sich als unzureichende Erklärung für den Sprechakt erweist, ist eine andere Möglichkeit des Zuganges die Betrachtung der Konventionen, die das Sozialverhalten des Sprechers bestimmen. Der performative / illokutionäre Akt und die mit ihm einhergehende Intention des Sprechers fallen immer auch mit den dem Sprecher eigenen Konventionen und sozialen Verhaltensmustern zusammen (bei Bourdieu: sprachlicher Habitus – siehe unten) – eine Absicht des Sprechers gründet sich nicht auf reine Willenskraft ohne Berücksichtigung des gesellschaftlichen Umfeldes. Darauf hat schon Austin hingewiesen, und auch Judith Butler (und auch Pierre Bourdieu, dessen Theorien zu Sprache und Sprechakt weiter unten behandelt werden) begibt sich nunmehr auf diesen Weg.[82]

Im Gegensatz zu Bourdieu, der sich auf außersprachliche Machtverhältnisse und Institutionen beruft, um die Wirkkraft der Sprache zu erklären, sucht Butler, deren Theorie der Anrufung / Benennung (s. o.) den Menschen als sprachliches Wesen konstituiert, aber eine Erklärung, die sich auf die Sprache und das Sprechen selbst bezieht. Dazu führt sie den Schlüsselbegriff der Zitatförmigkeit der Sprache ein. Obwohl sprachliche Zeichen an und für sich nicht an einen bestimmten Kontext gebunden sind, sondern ständig in neuen, möglicherweise auch ungewöhnlichen oder unüblichen, Kontexten auftreten können, gibt es ein Phänomen, das Zeichen und Kontext genau wiederholt und in exakt dem selben Zusammenhang setzen will: das Zitat. Mit Zitat ist hier bei weitem nicht nur die exakte Wiederholung jedes beliebigen Textzitates, wie es in wissenschaftlichen Arbeiten üblich ist, gemeint, vielmehr weist Butler darauf hin, dass auch kon-

---

81   vergl. KRÄMER (2001), S.247f
82   vergl. KRÄMER (2001), S.248f

ventionelle, formale Redefiguren Zitate sind: die Formeln, mit der ein Richter das Urteil verkündet (in Österreich im Namen der Republik) oder mit der ein Standesbeamte die rechtsgültige Eheschließung erklärt sind genauso exakte Textzitate – und diese Textzitate beziehen sich auf feststehende kulturelle Rituale innerhalb einer Gesellschaft.[83]

„Was in einer zeichentheoretischen Perspektive als Zitatförmigkeit beschrieben werden kann, zeigt sich in einer kulturtheoretischen Perspektive als Ritual und Zeremonialität."[84]

Hier kommt es beim Sprechakt nicht auf die Intention des jeweiligen Sprechers an – der Sprecher wiederholt in seiner sozialen Funktion innerhalb einer Gesellschaft nur die konventionelle Formel, die einen bestimmten allgemein üblichen Sachverhalt innerhalb dieser Gesellschaft rituell / zeremoniell darstellt. Judith Butler stimmt hier Austin zu, der feststellt, dass solche performativen Sprechakte – „institutionelle Performativa" – nicht nur rein sprachliche Äußerungen sondern hauptsächlich soziale Handlungen darstellen (siehe oben). Die Wirkkraft von performativen Handlungen stützt sich also auf die in der jeweiligen Gesellschaft vorherrschenden Konventionen, daraus schließt Butler nun dass diese Handlungen durch ihrer rituelle / zeremonielle Zitierbarkeit für die jeweilige Gesellschaft verständlich und charakterisierbar werden. Das gesellschaftliche Ritual der Eheschließung zum Beispiel „zitiert" eine bereits seit langem bekannte, konventionelle Handlungsfigur. Diese Verbindung von Konvention und Ritual beinhaltet durch den gleichzeitigen Bezug zu Vergangenheit, Gegenwart und Zukunft[85] eine Zeitlichkeit, die für jedes Sprechen von Bedeutung sein kann. Die Dimension der Zeitlichkeit ist es hier, die dem Sprechakt ihre Wirkungsmächtigkeit verleiht. Die Kette von wiederholten (also zitierten) gesellschaftlich institutionalisierten (und damit konventionellen) Sprechakten, die aus der Vergangenheit kommt, in der Gegenwart noch praktiziert wird, und darüber hinaus auf die Zukunft verweist verleiht der damit verbundenen Handlung und dem ausführenden Sprecher also die entsprechende Autorität.[86] Durch die

---

83   vergl. KRÄMER (2001), S.249f
84   vergl. KRÄMER (2001), S.250
85   ein solcher gesellschaftlicher Ritus zeichnet sich dadurch aus, dass er bereits in der Vergangenheit so durchgeführt wurde (daher ist er „zitierbar") in der Gegenwart so durchgeführt wird und aller Wahrscheinlichkeit nach auch in der Zukunft so durchgeführt werden wird.
86   Meines Erachtens ist der Unterschied zwischen Bourdieu und Butler hier gar nicht so groß; genau genommen beruft sich auch Butler auf außen stehende Institutionen, wenn sie das Eheschließungs-Zeremoniell als Beispiel heranzieht. Die entstehende Zeitlich-

Zeitlichkeitsdimension wird schließlich auch dem Sprechakt als in sich abgeschlossene, autarke Handlung, deren Auslöser der Sprecher und seine Intention sind, der Boden entzogen. Wenn die Macht der Sprache und des sprachlichen Diskurses sich aus deren historischem Charakter und damit aus der zeitlichen Dimension ableiten, und darüber hinaus der sozialen Einbettung des Sprechers in gesellschaftliche Konventionen und Institutionen eine so hohe Bedeutung zukommt, ist eine autonome, selbständige in sich abgeschlossene Betrachtung des Sprechaktes praktisch unmöglich.[87]

Um zu zeigen, wie das deklarative Sprechen dennoch Welt verändernd werden kann, kommt es Butler aber genau auf diese Verbindung von Konvention und Ritual / Zeremonialität an. Durch die zeitliche Verkettung von wiederholten und damit „zitierten" Sprechakten erhalten diese Ihre Wirkkraft und Handlungsmacht.[88] Zwei Punkte sind für Butler bei der Zeitlichkeit der sprechaktlichen Performativität besonders wichtig:

- Die Macht durch Sprache die Welt zu verändern ist in der Geschichtlichkeit des Diskurses zu verorten – dabei sieht Butler nicht rein die zeitliche Einbettung des Diskurses in die Geschichte, vielmehr geht es ihr um die historische Entwicklung des Diskurses selbst.[89]
- Jeder gegenwärtige Sprechakt enthält Teile oder Resonanzen vergangener Sprechakte und wird Teil oder Resonanz von zukünftigen Sprechakten sein – der Sprechakt ist daher niemals autark oder einmalig, aber gerade aus diesem Bezug zu Vergangenheit und Zukunft ist die Möglichkeit des Gelingens eines Sprechaktes erst zu erklären.[90] Der Sprechakt kann nur gelingen, wenn der / die Angesprochene(n) aufgrund gemeinsamer historischer Grundlagen den Sprechakt richtig auffassen können (beachte: nicht müssen!).

---

keit durch Konvention bezieht sich auch bei Butler letztgültig auf die Institution, die den Wortlaut für eine legitime Eheschließung festgelegt hat.

87 vergl KRÄMER (2001), S.249ff

88 KRÄMER (2001) zitiert hier auf S.251 in der Fußnote 34 sehr treffend aus BUTLER, Judith (1993): Für ein sorgfältiges Lesen. In: BENHABIB Seyla, et. al. [Hrsg.]: Der Streit um die Differenz. Feminismus und Postmoderne in der Gegenwart. Frankfurt am Main: Fischer, S.122-132: „Wenn Wörter zu Handlungen führen oder selbst eine Art von Handlung sind, dann nicht deshalb, weil sie die Absichts- und Willenskraft eines Individuums widerspiegeln, sondern weil sie sich aus Konventionen herleiten und diese wieder in Szene setzen; Konventionen, die ihre Kraft durch sedimentierte Wiederholbarkeit gewonnen haben." (BUTLER (1993), S.124)

89 vergl. KRÄMER (2001), S.252

90 vergl. KRÄMER (2001), S.252

Die Zitierbarkeit und die mit ihr einhergehende zeitliche Dimension zeigen nun zwar wie Wirkkraft und Handlungsmacht in Sprache und Sprechakt arbeiten, erklären jedoch noch nicht, wie die Macht durch Sprache und Sprechakt bzw. Diskurs gebrochen oder verändert werden kann. Die Frage ist, ob die performative Sprechhandlung nicht nur der Wiederholung und zeitliche Konnotation von Konventionen dienen kann, sondern ob sie diese Konventionen auch strukturell verändern kann. Judith Butler verortet diese Möglichkeit zur Veränderung von konventionellen Strukturen im theatralischen Aspekt des Sprechaktes:[91]

„Ein Potential zur Transformation weisen Wiederholungsverfahren dann auf, wen die Reproduktion zugleich als die *Inszenierung* des Reproduzierten zu begreifen ist. Wenn also das Wiederholen die *Aufführung* des Wiederholten ist" (kursive Hervorhebungen aus dem Original übernommen – S.P.)[92]

Der Mensch hat durch den kreativen Umgang mit Sprache und Sprechakt und deren (theatralischer) Inszenierung die Möglichkeit, diese aus ihrer instrumentalisierten Konvention herauszulösen und in neue Kontexte zu setzen. Hier möchte ich einfließen lassen, dass gerade z.B. die „Aufführung" bei Searle gar kein gültiger Sprechakt wäre – hier geht Butler bei weitem über die klassische Sprechakttheorie hinaus, eröffnet aber gerade in Hinsicht auf die Fragestellung nach der Möglichkeit der Veränderung von gesellschaftlichen, politischen und kulturellen Grenzen durch den Zusammenhang von Mythos und Sprache, ungeahnte Möglichkeiten.

Pierre Bourdieu –Sprache und Macht

Ohne Sprache und in weiterer Folge ohne Entwicklung der Schrift wäre der Zusammenschluss von Menschen in politische Staaten und Verbände, so wie er heute auf der ganzen Welt der Fall ist, wohl nicht möglich gewesen. Die menschliche Sprache gibt nicht nur Inhalte wieder, sie ist auch ein sehr fein gestimmtes Instrument um die gesellschaftliche Stellung des einzelnen und damit die aktuell vorherrschenden Machtverhältnisse innerhalb einer Gruppe von Individuen, innerhalb einer bestehenden Gesellschaftsstruktur oder eben innerhalb

---

91   vergl. KRÄMER (2001), S.252f
92   vergl. KRÄMER (2001), S.253

eines Staates wiederzuspiegeln. Wie kommt es aber nun dazu, dass diese durch die Sprache manifestierte gesellschaftliche, ökonomische und politische Hierarchie mehr oder weniger allgemeine Akzeptanz innerhalb einer Personengruppe, innerhalb eines Staates, eines Wirtschaftssystems findet? Der französische Soziologe und Philosoph Pierre Bourdieu (1930-2002) hat sich in seinen Arbeiten zu Sprache, Sprechen und Sprechakt eingehend mit der Frage nach der menschlichen Sprache als soziales Ausdrucksmittel von Macht und Ökonomie sowie mit der Sprache als zwischenmenschliches „Tauschgut" beschäftigt.

Schon im Vorwort der 2. Auflage von Pierre Bourdieus Werk „Was heißt sprechen? Zur Ökonomie des sprachlichen Tausches."[93] aus dem Jahr 2005 weist dessen Verfasser, der in Cambridge unterrichtende Soziologe John B. Thompson, auf die Schwierigkeiten und Mängel hin, die entstehen wenn verschiedene wissenschaftliche Disziplinen versuchen, den offensichtlichen Zusammenhang von Sprache, sozialem Leben und dem Zusammenleben von Menschen stimmig und in sich schlüssig zu entwickeln. Die Gefahren sind dabei einerseits im zu abstrakten oder zu empirischen vorgehen der einzelnen Disziplinen und ihrer Methodologie zu suchen, andererseits aber natürlich auch in der Komplexität des Mediums Sprache und ihres Informationsgehaltes, der über das objektiv akustisch vernehmbare, wie bereits oben betrachtet, bei weitem hinausgeht. Pierre Bourdieu versucht in seinem Lebenswerk diese Trennung von Theorie und Praxis bei der Untersuchung der Sprache und des Sprechens zu überwinden und entwickelt dabei eine eigene „Theorie der Praxis", deren Ziel es ist, die theoretischen Grundlagen und die empirischen Details bei der Untersuchung von Sprache und Sprechfunktion zu verbinden.[94]

Die Ökonomie des sprachlichen Tausches

Die Kommunikation zwischen Menschen spiegelt in vielfältigster Form auch die Machtbeziehungen innerhalb der Gesellschaft wieder, mehr noch sie aktualisiert die bestehenden Machtverhältnisse durch Wiederholung (also „Zitierung" lt. Judith Butlers These, s. o.). Pierre Bourdieu sieht in jedem Sprechakt (und daraus folgend in jeder Handlung überhaupt) die sprachlichen uns sozialen Fähigkeiten des einzelnen Individuums auf die Strukturen eines „Sprachmarktes" treffen.

---

93   BOURDIEU, Pierre (2005): Was heißt sprechen? Zur Ökonomie des sprachlichen Tausches. 2. erweiterte und überarbeitete Auflage. Wien: Wilhelm Braumüller Universitäts-Verlagsbuchhandlung Ges.m.b.H.
94   vergl. BOURDIEU (2005), S.1ff

Damit will er klar machen, dass die Sprachwissenschaft letztgültig zu kurz greift, wenn sie versucht die Phänomen Sprechen und Sprache durch isolierte, abstrakt definierte Fragen der Sprachkompetenz zu untersuchen, und dabei die sozialen Bedingungen, unter denen Sprache vom Menschen gelernt und reproduziert wird völlig außen vor lässt. Mittels dieses Zusammenspiels von sprachlicher Ausdrucksfähigkeit, sozialer Zugehörigkeit und symbolischer Macht wird nun jeder menschlichen (Sprach)Handlung auch ein symbolischer Wert zugemessen – oder auch im Gegenteil, eine entsprechende Wertlosigkeit. Die Zuhörer interpretieren und taxieren die dargebotene Handlung aufgrund der innerhalb ihrer Gesellschaft geltenden Machtstrukturen und aktuellen sozialen Gegebenheiten und Abhängigkeiten. Eine ganz große Bedeutung kommt dabei dem Stil des Sprechers zu. Die Zuhörer erkennen, auch wenn es ihnen vermutlich nicht bewusst ist, anhand feinster Nuancen der Ausdrucksform, wie der Sprecher im jeweiligen sozialen System einzuordnen ist, das heißt, welcher symbolische Machtanspruch ihm und seiner (Sprach)Handlung zukommt. Am von Bourdieu konstatierten Sprachmarkt tauscht man nicht die Sprache an und für sich, sondern den produzierten Diskurs, dabei erweist sich der jeweils als machtvoll und angesehen geltende Sprachstil als wertvollstes Tauschmittel.[95]

> „Nicht „die Sprache" zirkuliert auf dem sprachlichen Markt, sondern Diskursformen, die stilistisch zugleich von Seiten der Produktion bestimmt sind, soweit sich nämlich jeder Sprecher einen Idiolekt mit der gemeinsamen Sprache schafft, als auch von Seiten der Rezeption, soweit jeder Empfänger dazu beiträgt, die Mitteilung zu *erzeugen*, die er wahrnimmt und bewertet, indem er alles in sie hineinträgt, woraus seine Erfahrung individuell und kollektiv besteht. (kursive Hervorhebung aus dem Original übernommen – S.P.)[96]

Bourdieu betont darüber hinaus, dass auch die verschiedenen Bedeutungen, die ein und dasselbe Wort in verschiedenen Kontexten haben kann, durch dessen aktiven Tausch auf dem Sprachmarkt gleichzeitig nebeneinander existieren können. Die benutzen Worte und Allgemeinbegriffe sind durch den ständigen Austausch niemals neutral, sie können je nach Erfordernis verschiedene Bedeutungen annehmen. Es kommt also wenn gemeinsame Sprecher einer Sprache mit unterschiedlichen Positionen im sozialen Raum dieselben Worte benutzen und rezipieren zu allen möglichen Uminterpretationen, abhängig von den jeweiligen Interessen und Intentionen. Das macht auch die Kommunikation zwischen den Angehörigen verschiedener sozialer Schichten oder verschiedener ethnischer

---

95   vergl. BOURDIEU (2005), S.41ff
96   vergl. BOURDIEU (2005), S.43

Gruppierungen schwierig, weil bei jedem Wort die Gefahr besteht, dass es von der jeweils angesprochenen Gruppe als provokant, in eine sozial aufgeladenen Bedeutung aufgefasst wird. (Bourdieu bringt als Beispiel, dass jemand der vom Land in die Stadt kommt und als „Bauer" angesprochen wird, dies als Beleidigung auffassen könnte, auch wenn das gar nicht die Intention des Sprechers ist.) Die Alltagssprache ist damit weit entfernt davon eine einheitliche Sprache zu sein. Sie birgt die ständige Gefahr von Fehlinterpretationen und Missverständnissen durch Sprecher und / oder Empfänger. Trotzdem (oder: gerade deswegen!) ist es möglich, mit Sprache alle nur vorstellbaren gewünschten Inhalte auszudrücken. Durch die der Sprache innewohnende Mechanik und Grammatikalität ist es darüber hinaus sogar möglich, durch formal-grammatikalische Richtigkeit der Formulierung über die Inhaltslosigkeit einer Aussage hinweg zu täuschen, und somit „formal richtige aber semantisch leere"[97] Diskurse zu erzeugen – viele politische und religiöse Ideologien machten und machen sich diese Tatsache zunutze. Sprache ist imstande Existenz und Identität zu verleihen und damit wird sie zu einem Medium der Macht.[98]

Exkurs: Ferdinand de Saussure und Noah Chomsky

Beide Autoren werden aufgrund ihrer sprachwissenschaftlichen Standpunkte von Pierre Bourdieu kritisiert, weil sie seiner Ansicht nach die Sprache selbst zu sehr im Fokus des Geschehens sehen und das sprechende Individuum selbst aber vor allem auch dessen gesellschaftliche Umgebung und deren Einflüsse zu stark außen vor lassen. Zum Besseren Verständnis des Nachfolgenden und zum Besseren Verständnis von Bourdieu möchte ich hier kurz die Ansichten de Saussures und Chomskys vorstellen.

Als erstes zum Ansatz Ferdinand de Saussures[99]:

Vorwegzuschicken ist, dass es sich bei Ferdinand de Saussures Werk „Grundfragen der allgemeinen Sprachwissenschaften" (franz. Originaltitel: „Cours de linguistique général") genau genommen um einen Text handelt, den er selbst nie geschrieben hat, sondern vielmehr um eine Rekonstruktion seiner Genfer Vorlesungen anhand studentischer Mitschriften, die drei Jahre nach seinem Tod von

---

97   vergl. BOURDIEU (2005), S.46
98   vergl. BOURDIEU (2005), S.44ff
99   vergl. KRÄMER (2001), S.19-36

Charles Bally und Albert Sechehaye herausgegeben wurde, die jedoch selbst Saussure nie gehört haben.[100] Das in diesem Buch als Saussursches dargestellte Sprachverständnis dürfte vom tatsächlich von Ferdinand de Saussure vertretenen Bild durchaus abweichen, zumal inzwischen bekannt ist, dass auch Saussure selbst sein Bild von der Sprache immer wieder hinterfragt und angezweifelt hat, wie aus vielen seiner Briefe und Notizen hervorgeht. Nichts desto trotz gilt Ferdinand de Saussures „Grundfragen der allgemeinen Sprachwissenschaften" als das meistzitierte sprachwissenschaftliche Werk des 20.Jhdt. und ist aus der Rezeptionsgeschichte der Sprachwissenschaften keinesfalls wegzudenken.

Zentral ist bei Saussure die Trennung von Sprache und Sprechen, die Unterscheidung zwischen „langue" und „parole", wobei die „langue", die Sprache als System von (nichtrepräsentativen) Zeichen zum Gegenstand der Sprachwissenschaft wird. Saussure betrachtet die Sprache als Objekt mit Systemcharakter und gleichzeitig als soziales Gebilde. Systemcharakter und Sozialität trennen nun die Sprache vom Sprechen („parole"), wobei Sozialität hier so zu verstehen ist, dass die gesamte Sprache nicht von einem Individuum, einer sprechenden Person allein sondern nur von der Gesamtheit der sprechenden Masse beherrscht und repräsentiert werden kann. Durch das ständige Zirkulieren in der Gesellschaft sind aber die Sprache und auch ihre Symbole / Zeichen ständigen Veränderungen ausgesetzt. Dabei hat nun der systemische Aspekt der Sprache die Funktion, die Zeitlichkeit (und damit einhergehende stetige Wandelbarkeit) einerseits zu neutralisieren und eine von Zeit und Wandlung unabhängige Untersuchung zu ermöglichen, andererseits kann gerade mittels des systemischen Aspekts auch ein Punkt in der Zeitlichkeit herausgegriffen und betrachtet werden. Der Weg kann also sowohl vom Besondern (vom Zeitpunkt) zum Allgemeinen (dem rein systemischen Aspekt) als auch umgekehrt vom Allgemeinen zum Besonderen beschritten werden. Saussure betrachtet nun die sprachlichen Zeichen weder als materiell noch als ideell, vielmehr sieht er sie als Verbindung zwischen den beiden, als Bindeglied zwischen Lauten und Vorstellungen. Die Sprache artikuliert die diffusen Gedanken und Bilder und macht sie zu einem bestimmten Zeitpunkt in einem bestimmten Rahmen fest. So entstehen die aktuellen Einzelheiten, Vorstellungen und Bilder. Die Sprache wird damit zum Bindeglied zwischen Außenwelt und Bewusstsein, sie „parallelisiert" den „ungestalteten Fluß der Geräusche und das amorphe Bewusstseinsgeschehen".[101] Die Sprache hält sich allerdings bei der Ausübung ihrer Funktion als Bindeglied zwischen Außenwelt und Bewusstsein an keine von außen vorgegebenen Regeln oder Ordnungsprinzipien, sondern nur an die innersprachlichen, die sich lt. Saussure aus einer Diffe-

---

100 Krämer beruft sich hier auf JÄGER (1976) und FEHR (1997)
101 vegl KRÄMER (2001), S.28

renz der Wertigkeit der einzelnen Zeichen ergibt – das einzelne sprachliche Zeichen definiert sich erst durch die Differenz zu allen anderen koexistenten sprachlichen Zeichen. Daraus ergibt sich aber auch, dass eine Bedeutung nicht im einzelnen sprachlichen Zeichen selbst zu suchen ist, sondern im Verhältnis das sich durch Wertigkeit zwischen den verschiedenen sprachlichen Zeichen ergibt.

Der Punkt, den Bourdieu bei Saussure kritisiert, ist die Trennung der Sprache vom Sprechen. „Langue" und „Parole" sind für Saussure zwei verschiedene Gegenstände, und jedem der beiden kommt eine eigene Realität zu. Im Gegensatz zu Ferdinand de Saussure gibt Pierre Bourdieu dem Sprechen und seiner vielfältigen Ausprägung in der Praxis den Vorzug und nicht der Sprache und ihren strukturellen Gegebenheiten.

Zu Noah Chomsky:[102]

Chomskys Ansatz ist ein kompetenztheoretischer: die Objekte seiner Sprachforschung sind die Sprachfähigkeit und das mit dieser Sprachfähigkeit in Zusammenhang stehende Kenntnissystem eines hypothetischen, idealen Sprechers. Mit Chomskys Ansatz wendet sich die Linguistik weg von der Untersuchung eines sprachexternen Zeichensystems hin zur Untersuchung eines Wissenssystems, das innerhalb der Sprache verankert ist.

„Chomsky definiert >Sprache< durch >Grammatik<, und er expliziert >Grammatik< sodann als >Kompetenz<[103] - daher kann für ihn, genauso wie für Ferdinand de Saussure, die alltäglich gesprochene Sprache, die oft grammatikalisch nicht korrekt angewandt wird, nicht als Untersuchungsobjekt der Sprachwissenschaft verwendet werden. Die Linguistik kann mit dieser, vom grammatikalischen Regelwerk oft weit entfernten Sprachanwendung, in Chomskys Sinn nichts anfangen – das ist auch der Punkt, der von Pierre Bourdieu bei Noah Chomsky kritisiert wird. Die Loslösung der Sprache von ihrem alltäglichen Gebrauch ist für Bourdieu keine Option, da die Sprache, sowie ihr Erwerb und ihr Gebrauch in den verschiedensten sozialen / gesellschaftlichen Zusammenhängen, zutiefst mit dem menschlichen Dasein und der menschlichen Interaktion verbunden ist. Aus der Untersuchung der idealisierten, grammatikalisch korrekten Sprache eines hypothetischen, idealisierten Sprechers kann aus Bourdieus Sicht kein human- oder sozialwissenschaftlich relevanter Erkenntnisgewinn er-

---

102 vergl. KRÄMER (2001), S.37-54
103 vergl. KRÄMER (2001), S.43

folgen. Eine solche Untersuchung der Sprache bleibt für ihn zu theoretisch und abstrakt.

Chomsky weiß allerdings selbst, dass seine grundsätzliche Definition der Sprache als reine Kompetenz des Menschen zu wenig ist, in der Folge unterscheidet er daher hinsichtlich der Sprachwissenschaften zwischen Kompetenz und Performanz: dabei ist die Performanz als sichtbarer Gebrauch der Sprache zu verstehen, der die Kompetenz zugrunde liegen muss.

Mit ist bewusst, dass die Theorien Ferdinand de Saussures und Noah Chomskys hier sehr kurz und bei weitem nicht erschöpfend beschrieben sind. Das soll jedoch nicht der Sinn dieses Diskurses sein, sondern es soll hier, zum besseren Verständnis der nachfolgenden Ausführungen zu den Überlegungen Pierre Bourdieus, nur kurz gezeigt werden, an welchen Punkten Bourdieu seine Kritik an diesen Theorien ansetzt.

Die „Legitime Sprache" – Normsprache und soziale Machtverhältnisse

Unter „Legitimer Sprache" versteht Pierre Bourdieu die institutionalisierte Sprache, die davon profitiert, dass sie als die allgemeingültige Sprache innerhalb des Geltungsbereiches eines politischen Machtbereiches gilt – heute mag das auch ein wirtschaftlicher Machtbereich sein, so gilt Englisch inzwischen als weltweite Universalsprache für den Wirtschaftsbereich, inwieweit sich in Asien Mandarin durchsetzen wird, bleibt abzuwarten. Der Vorwurf Bourdieus an die Sprachwissenschaften, und auch an philosophische Ansätze wie die von Saussure und Chomsky ist der, dass diese Sprachtheorien stillschweigend von dieser institutionellen Sprache / Sprechweise als Grundlage ausgehen.[104]

> „Wer wie die Sprachwissenschaft von *der* Sprache spricht, ohne sie näher zu bestimmen, übernimmt unausgesprochen die *offizielle* Definition der *offiziellen* Sprache einer bestimmten politischen Einheit: diejenige Sprache nämlich, die innerhalb der territorialen Grenzen dieser Einheit allen Staatsangehörigen als die einzige legitime vorgeschrieben ist, und zwar um so zwingender, je offizieller … die Sprechsituation ist." Pro-

---

104   vergl. BOURDIEU (2005), S.47ff

duziert von Autoren, die Schreibautorität haben, festgeschrieben und kodifiziert von Grammatikern und Lehrern, zu deren Aufgabe auch das Einüben von Sprachbeherrschung gehört, ist die Sprache ein *Code* im Sinn einer Chiffre zur Herstellung von Äquivalenz zwischen Lauten und Bedeutungen, aber auch im Sinne eines Systems von Normen, die die Sprachpraxen regeln." (kursive Hervorhebungen aus dem Original übernommen – S.P.)[105]

Die offizielle Sprache, die die selben gesellschaftlichen, wirtschaftlichen und politischen Ziele und Interessen verfolgt wie der Staat, zu dem sie gehört, schafft auch den Boden für den Sprachmarkt und beherrscht diesen. Diese offizielle Staatssprache ist damit auch die Norm, an der sich alle anderen auf demselben Hoheitsgebiet gebräuchlichen Sprachpraxen messen lassen müssen. Wenn sich eine Sprachpraxis als einzig legitime durchsetzt, muss der Sprachmarkt vereinheitlicht werden, und die verschiedenen Dialekte, die innerhalb des Staatsgebietes in einzelnen Regionen oder von einzelnen ethnischen Gruppen gesprochen werden, müssen sich an der „legitimen Sprache" des Gebietes messen. Durch diese Etablierung einer Sprache und deren ständige Reproduktion durch die staatlichen und gesellschaftlichen Institutionen, entstehen sprachliche Macht- und Herrschaftsverhältnisse. Als Beispiel für eine solche Etablierung von Sprache und damit von Herrschaftsverhältnissen auf einem bestimmten Gebiet zieht Bourdieu hier Frankreich heran, wo das Französische als Staatssprache sich durchgesetzt hat und viele lokale Sprachvarianten (wie z.B. Bretonisch, Okzitanisch oder Provenzalisch, die alle von der französischen Hochsprache weit entfernt sind) hauptsächlich in praktischer Form, als mündliche Produkte des sprachlichen Habitus in bestimmten Gegenden bestehen. Obwohl es immer wieder Phasen gibt, in denen Dialektdichtung „en vogue" ist, und vereinzelte lokale Autoren diese alten Sprachen verwenden. Realiter werden sie immer weniger aktiv gesprochen und geraten langsam aber sicher in Vergessenheit, wie das auch in vielen anderen Gegenden der Fall ist. Eine nicht zu unterschätzende Funktion kommt dabei auch dem Bildungssystem zu, das direkt und indirekt daran mitarbeitet, volkstümliche / regionale Ausdrücke und Ausdrucksweisen zu entwerten und die Annahme der legitimen (Staats)Sprache und deren allgemeinen Gebrauch, auch außerhalb von Bildungseinrichtungen und anderen staatlichen Institutionen, fördert. Sobald die Bildung und ihre Abschlüsse normiert sind, normiert sich auch der Arbeitsmarkt entsprechend anhand dieser staatspolitisch vorgegebenen Richtlinien, gleichzeitig geht mit dem erreichen eines bestimmten (staatlich legitimierten) Bildungsstandes auch die entsprechende sozia-

---

105   vergl. BOURDIEU (2005), S.49f

le Anerkennung einher. Damit liegt die Annahme der legitimen Sprache auch im eigenen Interesse der Anwender, er kann dadurch seinen Wert auf dem Bildungsmarkt und in Folge daraus auf dem Arbeitsmarkt und darauf folgend auch sein gesellschaftliches Prestige erhöhen. Bildung und Annahme der Staatssprache sind darüber hinaus in wenig industrialisierten Regionen die einzige Möglichkeit entweder einen Arbeitsplatz in den regionalen Verwaltungsbehörden zu bekommen oder die wirtschaftliche schwache Region verlassen zu können um in einer größeren Stadt zu arbeiten.[106]

Es ist aber ausdrücklich festzuhalten, dass die Verwendung der offiziellen / „legitimen" Sprache nicht erzwungen wird. Sie hilft zwar bei der Schaffung und Festigung von politische und wirtschaftliche Einheiten, rechtlich erzwungen kann aber letztgültig nur der Spracherwerb werden, mit Hilfe des institutionalisierten Bildungssystems eines Staates, nicht aber der alltägliche Sprachgebrauch oder die Art der Reproduktion der Sprache. Die Verwendung der offiziellen / „legitimen" Sprache kommt aber nicht einer bewussten Anerkennung einer Vorgabe gleich, vielmehr ergibt sie sich durch die Mechanismen der „Preisbildung" am sprachlichen Markt mit der Zeit von selbst – da der offiziellen / „legitimen" Sprache ökonomisch der größte Wert am Markt zugemessen wird, mehrt ihre Beherrschung und Verwendung auch den ökonomischen Wert des Individuums – es ist für jeden einzelnen Staatsbürger oder jedes Mitglied einer bestimmten Gesellschaft von Vorteil, diese Sprache zu kennen und zu beherrschen. Somit ist diese Art zu sprechen einerseits zwar ein Produkt gesellschaftlicher, wirtschaftlicher und politischer Determinismen, auf der anderen Seite wird sie aber aufgrund der mit ihrer Beherrschung einhergehenden ökonomischen Vorteile ohne jeden Zwang und viel mehr unbewusst gelernt und übernommen. Bourdieu hält nunmehr fest, dass die für die Konstruktion des individuellen Habitus einer Person entscheidenden Anweisungen gar nicht über Sprache und Bewusstsein erfolgen, sondern eigentlich mehr unterschwellig und suggestiv weitergegeben werden. Ganz unbedeutende und nebensächlich erscheinende Aspekte von Vorgängen, Situationen oder auch gesellschaftlichen Praktiken im Alltag sind unterschwellig, unbewusst und unausgesprochen mit sehr nachdrücklichen und eindringlichen Anordnungen unterlegt – etwa ein missbilligender Blick, ein vorwurfsvoller Ton – so entsteht ein ganzes Geflecht von Anordnungen, Befehlen und Aufforderungen aus denen sich das innerhalb der Gesellschaft „normgerechte" und akzeptierte Verhalten ergibt, dass nach und nach über Interaktion zwischen den Individuen eingelernt wird.[107]

---

106 vergl. BOURDIEU (2005), S.50ff
107 vergl. BOURDIEU (2005), S.55ff – weiters ist darauf hinzuweisen, dass auch die Transaktionsanalyse nach Eric Berne davon ausgeht, dass Einschärfungen, Gebote und

„Die über Dinge und Personen wirkende Suggestivkraft, die dem Kind nicht (als Befehl) sagt, was es tun soll, sondern was es ist, und es damit nachhaltig dazu bringt, das zu werden, was es werden soll – sie ist die Voraussetzung dafür, dass später alle Arten von symbolischer Macht einen für diese Wirkung empfänglichen Habitus erfolgreich beeinflussen können.[108]

Durch die Verwendung der legitimen Sprache als Maßstab für alle anderen gleichzeitig existenten Sprachpraxen entsteht nunmehr auch eine Wertung, wobei die volkstümlichen Ausdrucksweisen, die bei offiziellen Anlässen nun nicht mehr den allgemeinen Anforderungen genügen, systematisch entwertet werden. Unterstützt werden diese Mechanismen vom jeweiligen staatlich anerkannten Bildungssystem, dessen Aufgabe unter anderem darin besteht, den Sprachgebrauch mehr oder weniger zu überwachen und in geregelten Bahnen zu halten. Dieses „Wertesystem" der konkurrierenden Sprachen hat aber auch ganz reale ökonomische und politische Auswirkungen – sowohl der Arbeitsplatz als auch z.b. die Ausübung des Wahlrechtes können von der Beherrschung der „richtigen", der legitimen Sprache abhängen. Bourdieu sieht hier parallel zu den rein sprachlich relevanten Gegensätzen ein System von soziologisch relevanten sprachlichen Gegensätzen entstehen, die Unterschiede zwischen verschiedenen in Verwendung stehenden Idiolekten / Mundarten sind also nicht rein auf sprachliche Unterschiede reduzierbar. Vielmehr weisen sie dem, der sie benutzt auch einen sozialen Stellenwert, eine soziale Bewertung zu. Die Hierarchie der Sprachstile kann also auch als Abbildung der Hierarchie innerhalb einer Gesellschaft oder sozialen Gruppe betrachtet werden.[109]

„Die Struktur des Raumes der Sprachstile reproduziert somit die Struktur der objektiven Unterschiede der Existenzbedingungen, und zwar vermittelt über die Struktur des sprachlichen Feldes als eines Systems sprachlicher Machtverhältnisse im eigentlichen Sinne, die auf der ungleichen Verteilung des Sprachkapitals beruhen (oder, wenn man so will, auf der ungleichen Verteilung der Chancen, objektivierte sprachliche Ressourcen zu inkorporieren).[110]

Verbote der Eltern die dem Kind bewusst aber eben auch unbewusst durch Verhalten oder Reaktion übermittelt werden, für die Entwicklung von festgelegten Verhaltensweisen im Erwachsenenalter („Scripts") verantwortlich sind. (s. o.)

108   vergl. BOURDIEU (2005), S.57 – diese Ansicht Pierre Bourdieus korrespondiert mit den Claude Steiner folgenden Ausführungen zur Entwicklung von Scripts auf S.15 zum Thema „Der Einfluss auf die kindliche Entwicklung"!

109   vergl. BOURDIEU (2005), S.58ff

110   vergl. BOURDIEU (2005), S.63

Daraus ist zu schließen: Sprich mit mir, und ich werde dich anhand deiner Sprache bewerten und dich, in der Art und Weise wie ich es frühkindlich erlernt habe, in (m)ein soziales System einordnen. Hier tut sich ein weites Feld von Problemstellungen auf. Ist die im eigenen sozialen und politischen Umfeld erlernte Bewertung auf andere soziale und politische Systeme übertragbar? Wenn ja, was hat das für Auswirkungen? Wie verhält es sich mit der Globalisierung des Wirtschaftsraumes – gleichen sich die Systeme an bzw. werden sie sogar künstlich gleich gemacht? Auf dem Sektor der Bildung und Ausbildung wird das bereits seit geraumer Zeit versucht, man denke nur an die internationalen Rankings für Hochschulen. Wird diese bereits sehr früh eingelernte Bewertungsweise politisch dazu benutzt bestimmte Völker und Bevölkerungsgruppen systematisch von der Teilhabe an sozialen, ökonomischen und politischen Belangen auszuschließen, genau genommen unter der Voraussetzung der stillschweigenden Zustimmung der Völker und Bevölkerungsgruppen, denen glauben gemacht wird, die Profiteure dieses Systems zu sein? Eine erschöpfende Erörterung dieser Fragestellungen würde im Rahmen dieser Arbeit zu weit führen, sie spielen aber alle in die Problematik des Zusammenhangs von Sprache, Mythos und Grenzsetzung hinein.

Die Sprache selbst verfügt aus sich heraus nicht über Macht und Mittel, sich einerseits als offizielle Sprache zu legitimieren und andererseits das Fortbestehen ihrer Legitimität zu sichern. Um das zu gewährleisten benötigt sie „Sprachproduzenten" und Produktionsmittel, die entsprechend autorisiert sind und die als würdig erachtet werden, „veröffentlicht" – das heißt „offiziell gemacht" – zu werden, und die hinkünftig auch institutionell als zitierbare Autorität für den richtigen, die Regeln befolgenden, Sprachgebrauch betrachtet werden. Diese Autoritäten (seien es nun Bildungssystem / Universitäten, andere offizielle Institutionen oder der Literatur- und Pressebetrieb) produzieren und reproduzieren mit ihrem konkurrieren um Macht die „Permanenz der legitimen Sprache und ihres Wertes" in mehr oder weniger geheimen Einvernehmen.[111] Die konkurrierenden Diskurse verschiedener Institutionen täuschen damit eigentlich darüber hinweg, dass sie gerade durch ihre kontroversen Diskurse und die verwendete Sprache den ökonomischen Sprachmarkt, die legitime Sprache und das mit ihnen einhergehende soziale Bewertungssystem unterstützen und aufrechterhalten. Vielmehr noch wird durch dieses Bewertungssystem und die „Hüter" der legitimen Sprache die bestehende soziale Hierarchie innerhalb einer Gesellschaft tendenziell noch verfestigt und verstärkt, das Überschreiten von Klassengrenzen dadurch erschwert.[112]

111 vergl. BOURDIEU (2005), S.64
112 vergl. BOURDIEU (2005), S.63ff

„Als sprachlicher Markt, der streng den Urteilen der Hüter der legitimen Kultur unterworfen ist, wird der Bildungsmarkt von den sprachlichen Produkten der herrschenden Klasse beherrscht und verfestigt tendenziell die bereits bestehenden Kapitalunterschiede: Da sich die Wirkung eines geringen kulturellen Kapitals durch die damit einhergehende geringe Neigung zu seiner Vermehrung durch Bildungsinvestitionen
noch verstärkt, fallen die am stärksten benachteiligten Klassen den Ne-
gativsanktionen des Bildungsmarktes anheim, das heißt dem vorzeiti-
gen Ausschluss oder Selbstausschluss als Folge schwacher Leistungen."[113]

Soziale Möglichkeiten und der erwartete Profit aus der Teilnahme am ökonomischen Sprachmarkt

Die Sprache ist selten ein reines Kommunikationsmittel, vielmehr ist sie auch
ein Codierungs- und Bewertungssystem, mittels dessen Rückschlüsse auf Bil-
dungsniveau, Klassenzugehörigkeit und, daraus abgeleitet, auch die Autorität
und den Stellenwert eines Sprechers gezogen werden. Sprache verleiht dem
Sprecher einen sozialen Wert und eine symbolische Wirkkraft. Der „Wert" eines
Gespräches oder Diskurses hängt damit von der jeweiligen zugemessenen „Wertigkeit" der Sprachkompetenz der beteiligten Protagonisten ab; dem innerhalb
des sozialen Gefüge als „höherwertig" geltenden Sprecher wird vermutlich eher
Aufmerksamkeit geschenkt, eher entsprechende Kompetenz zugetraut und er hat
daraus folgende im Verhältnis zu den anderen Beteiligten die größere Chance,
dass sein sprachliches „Produkt" (sprich seine Ansicht) sich im Rahmen des
sprachlichen Tausches durchsetzt. Man könnte somit die ganze Struktur und
Hierarchie einer Gesellschaft als in der Sprache Präsent betrachten.[114]
    Aufgrund der Tatsache, dass die Beherrschung und Durchsetzung der legi-
time Sprache zu Klassen- und Machterhalt beiträgt, lässt sich aber dann daraus
auch ableiten, dass der Sprachmarkt, je offizieller sein Feld wird (das heißt: je
mehr die korrekte Beherrschung der offiziellen (legitimen) Sprache Voraussetzung zur Teilnahme an diesem Markt und für das dort Gehört-Werden ist), auch
umso mehr von der Herrschenden bzw. von der hierarchisch als höherwertig geltenden Klasse beherrscht wird. Die Herrschenden sprechen hier als Autorität
und haben gleichzeitig auch die Autorität zu sprechen.[115]

---

113   vergl. BOURDIEU (2005), S.69
114   vergl. BOURDIEU (2005), S.73ff
115   vergl. BOURDIEU (2005), S.76

„Die Sprachkompetenz ist keine rein fachliche Fähigkeit, sondern eine statusabhängige Fähigkeit, mit der meistens auch die fachliche Fähigkeit einhergeht, und sei es nur, weil ihr Erwerb durch Statuszuschreibung erfolgt („Adel verpflichtet"), ganz im Gegensatz zu dem, was das allgemeine Bewusstsein glaubt, das die fachliche Kompetenz für die Grundlage der statusbedingten Kompetenz hält."[116]

Weiter gedacht lässt sich dadurch zu einem gewissen Teil auch das Paradoxon erklären, dass zum Beispiel Angestellte größerer Firmen oder Geschäfte sich oft insgeheim über die „Inkompetenz" der Führungsebene wundern bzw. dass sie die Führungsebene als fachlich inkompetent empfinden und sich darüber verwundern, wie man trotz dieser „Inkompetenz" in die Führungsebene gelangen kann. Durch die ökonomischen Mechanismen des Sprachmarktes nach Pierre Bourdieu, die auf Machterhalt und Klassenerhalt ausgerichtet sind, ist für den Aufstieg in die Führungsebene (sei es nun in der Politik oder eben im Geschäftsleben) gerade nicht die fachliche Kompetenz sondern vielmehr die Höherbewertung innerhalb des jeweiligen sozialen Systems, die durch den Sprachgebrauch und die perfekte Beherrschung der legitimen Sprache, die auch imstande ist, dem Sprecher höchste Autorität zu verleihen, transportiert wird, und die vorherrschende Verhältnisse tendenziell reproduziert und verfestigt. Hier wird auch ersichtlich wie schwer es ist, die diversen „Gläsernen Decken" zu durchbrechen – nicht nur für Frauen, wie bereits vielerorts diskutiert, sondern auch für Männer, die zwar für eine Sache oder Aufgabe fachlich kompetent sein mögen, deren Makel aber darin besteht, dass ihre Stimme auf dem Sprachmarkt, dessen ökonomischen Gesetzen sich die Gesellschaft unterwirft, nicht die notwendige Autorität entwickeln kann, weil sie keiner Klasse angehören, der diese Autorität zugesprochen wird. Dieser Makel kann zwar bis zu einem gewissen Grad durch das Bildungssystem, dessen Aufgabe unter anderem darin besteht die legitime Sprache zu lehren und durchzusetzen, ausgemerzt werden, die ursprüngliche Klassenzugehörigkeit bleibt aber nichts desto trotz bestehen und im Bewusstsein und ist sehr schwer zu überwinden, obwohl offiziell natürlich propagiert wird, dass eine westliche Demokratie eine klassenlose Gesellschaft ist, in der allen Teilnehmern alles offen steht. Man betrachte nur Großbritannien, wo der alteingesessene Adel nach wie vor insgeheim als „höherwertige" Klasse betrachtet wird und das politisch noch immer zwischen einem „House of Commons" und einem „House of Lords" unterscheidet; in den Vereinigten Staaten von Amerika hingegen hat sich einerseits ein gewisser, inzwischen alteingesessener Geschäfts- und Geldadel (z.B. Astor, Vanderbilt), Politadel (z.B. Kennedy,

---

116   vergl. BOURDIEU (2005), S.76

Bush) aber auch eine Art „Celebrity-Adel", bestehend aus Schauspielern, Regisseuren, Musikern, etc., durchgesetzt und gilt als herrschende Klasse. Allein die Tatsache, dass sowohl im Geschäftsleben als auch auf der politischen Bühne und auf den Bühnen der Musik- und Filmindustrie sich viele miteinander verwandte Protagonisten tummeln, scheint ein sehr starker Hinweis auf die Relevanz von Bourdieus Betrachtungsweise zu sein. Manchmal vermischen sich die Bereiche sogar: so ist die Familie Bush sowohl in der Politik als auch in de Ölindustrie beheimatet, Filmschauspieler wie Ronald Reagan und Arnold Schwarzenegger sind erfolgreich in die US-amerikanische Politik eingestiegen (wobei in unserem Zusammenhang nicht uninteressant sein dürfte, dass Arnold Schwarzenegger in den Kennedy-Clan, alter „politischer" Adel in den Vereinigten Staaten, eingeheiratet hat!). Berühmte Hollywood-Größen unserer Zeit sind mit Hollywood-Größen vergangener Zeiten verwandt (so ist die Schauspielerin Angelina Jolie die Tochter des Schauspielers und Oscar-Preisträgers Jon Voight, Nicoals Cage ist der Neffe des viel beachteten Filmregisseurs Francis Ford Coppola und Drew Barrymore ist die Enkelin von John Barrymore, einem erfolgreichen Theater- und Filmschauspieler der ersten Hälfte des 20. Jahrhunderts, um hier nur drei der bekanntesten Beispiele zu nennen; auch Gwyneth Paltrow, Jamie Lee Curtis oder Carrie Fisher entstammen „altem" Hollywood-Adel) und die Töchter vieler namhafter Rockstars entern ebenso erfolgreich die Schauspieler- und Modelwelt (um einige Beispiele zu nenne: Liv Tyler, die Tochter des Sängers Steven Tyler ist eine erfolgreiche Schauspielerinnen, Elizabeth und Georgia Mae Jagger, die Töchter von Mick Jagger sind als Models erfolgreich, das gleiche gilt übrigens auch für die Mädchen des Hemingway-Clans) – das System reproduziert sich also, Macht, Ruhm und Reichtum bleibt zu einem großen Teil in bestimmten Kreisen / Familien, für „Außenstehende" ist der Zutritt zu diesen Kreisen nicht einfach zu bewerkstelligen und kann vielleicht noch am ehesten über die Bekanntschaft mit Personen, die bereits Zutritt haben, bewerkstelligt werden.

Dieses Prinzip lässt sich gleichermaßen auch auf die Chicana/o-Bewegung in den Vereinigten Staaten von Amerika anwenden, wobei es hier auffällig wird, dass Hispanics (also nicht nur MexikanerInnen sondern auch andere Spanischsprachige) generell an Ansehen und Macht auf dem (Sprach)Markt zu gewinnen scheinen – es gibt heute generell deutlich mehr Hispanics, die in der Öffentlichkeit stehen, als noch vor einer oder zwei Dekaden – Spanisch scheint sich dabei auch allmählich neben dem Englischen als zweite legitime Sprache in den Vereinigten Staaten durchzusetzen. Interessant ist dabei in Hinsicht auf die Frage des ökonomischen Sprachmarktes die puerto-ricanisch-stämmige Schauspielerin und Sängerin Jennifer Lopez, die spanisch erst für ihre Rolle im Film „Selena –

ein amerikanischer Traum"[117] gelernt hat, und somit als Protagonistin der legitimen Sprache (in den USA nämlich dem Englischen) gelten darf, obwohl sie die Tochter spanischsprachiger Eltern ist. Auf diese Problematik und auf den genannten Film „Selena" – der in Hinsicht auf die Chicana-Bewegung einerseits aufgrund der Geschichte von Selena Quintanilla-Pérez generell, andererseits aufgrund der Darstellung ihres Vaters Abraham Quintanilla, im Film gespielt von Edward James Olmos, interessant ist – will ich später noch detaillierter eingehen.

Die Beherrschten sind lt. Bourdieu genau genommen jederzeit dem von den Herrschenden diktierten legitimen Sprachgebrauch unterworfen, auch wenn sie sich auf dem offiziellen Sprachmarkt kein Gehör verschaffen können, und wenn es innerhalb der Sprache und des Sprachgebrauches durchaus freie Inseln gibt, wo private Gespräche, mehr oder weniger auf Augenhöhe, stattfinden können, und wo die sprachlichen Produkte nicht zwingend sofort anhand der Kriterien der legitimen Sprache und des ökonomischen Sprachmarktes bewertet werden. Zusammenfassend kann festgestellt werden, dass die sprachlichen Machtverhältnisse nie allein von der Sprachkompetenz der Beteiligten abhängen, sondern von der offiziellen Anerkennung durch eine soziale Gruppe – die sozialen Bedingungen sind auf dem Markt des ökonomischen Sprachtausches viel wichtiger als die innersprachliche, grammatikalische Logik, die von der Sprachwissenschaft untersucht und reproduziert wird. Bourdieu selbst bringt als Beispiel den Philosophen, der nur dann so verstanden werden kann, wie er es gerne möchte, wenn auch die entsprechenden sozialen Bedingungen gegeben sind, unter denen seinen Worten Bedeutung beigemessen werden kann, auch wenn er die legitime Sprache korrekt beherrscht und die innere Logik, den Wortschatz und die Grammatik dieser Sprache korrekt anwenden kann.[118]

Die Wirkkraft mancher politischer und religiöser Akte ist damit aber auch nicht von den Institutionen trennbar, die als ihre legitimierten Träger, Bewahrer und Ausführer gelten. So hat Austin wohl festgestellt, dass es solche performativen Akte mit symbolischer Außenwirkung gibt, wo der gesprochene Satz nur die gleichzeitige Handlung unterstreicht (er nennt zum Beispiel Schiffstaufen und Eheschließungen, siehe oben), die wirklich interessante Komponente bei diesen performativen Akten rührt aber nicht aus der Sprache oder dem Sprechakt selbst her sondern wird erst durch die sozialen Bedingungen, unter denen sie stattfinden, impliziert. So muss ein Standesbeamter, der Ehen schließt, dazu auch öffentlich-rechtlich befugt sein – er ist nur das äußere Organ und Sprachrohr der

---

117 Selena – ein amerikanischer Traum (engl. Originaltitel: Selena). USA, 1997, Regie: Gregory Nava
118 vergl. BOURDIEU (2005), S.78f

dahinter stehenden politischen, rechtlichen und / oder religiösen Autorität, also der innerhalb des gesellschaftlichen Gefüges zur legitimen Eheschließung befugten Institution. Hier sind auch Austins Bedingungen zum Gelingen eines Sprechaktes eigentlich anzusiedeln – sie sind nicht sprachwissenschaftlicher sondern sozialer und / oder gesellschaftspolitischer Natur. Die dahinter stehenden Institutionen bestimmen die Bedingungen, die zum gelingen und zur Legitimität dieser Handlungen beitragen. Wenn man nur die Handlung des Sprechaktes bzw. die Sprache selbst betrachtet, kann man natürlich zu dem Schluss kommen, dass sie von *jedermann* gesetzt werden kann.[119] Die Worte „Ich taufe dich auf den Namen ...“ oder die katholische Trauungsformel nach den Vorgaben der Formpflicht des Trienter Konzils können faktisch von jedem / jeder gesprochen werden – nur hat nicht jeder / jede die gesellschaftlich anerkannte Befugnis den gesprochenen Worten die Wirkkraft zu verleihen, die auch das Gelingen des Sprechaktes bzw. um bei Bourdieus Worten zu bleiben deren hohen Wert auf dem Sprachmarkt zu garantieren.

> „Die Logikübung, die darin besteht, den Sprechakt von den Bedingungen seiner Durchführung zu trennen, zeigt anhand der Absurditäten, die durch diese Abstraktion zutage treten, dass die performative Aussage als Akt der Setzung sozio-logisch nicht unabhängig von der Institution bestehen kann, der sie ihre Daseinsberechtigung verdankt, und dass sie, sollte sie dennoch zustande kommen, sozial bedeutungslos wäre.“[120]

Die gesellschaftliche Wahrnehmung und Akzeptanz eines stattfindenden Diskurses beruht also nicht hauptsächlich auf dessen sprachlich-grammatikalisch korrekter Durchführung, sondern darauf, dass er auf dem aktuellen Sprachmarkt Gehör und Glauben finden kann – dass er sich also im Rahmen der als legitimen anerkannten Sprache bewegt, sich an deren anerkannten Produktions- und Zirkulationsmodalitäten hält und dass die Teilnehmer / Protagonisten des Diskurses gesellschaftlich als befugt erachtet werden, ihn überhaupt zu führen. Der auf dem Sprachmarkt zu generierende Profit liegt also in der Fähigkeit sich bzw. seiner sozialen Gruppe Gehör zu verschaffen und dadurch eine symbolische (Vor)Machtstellung zu erreichen und zu festigen. Ein sowohl im Elternhaus als auch im Bildungssystem unbewusst eingelernter und ständig trainierter Mechanismus zur Beurteilung der aktuellen gesellschaftlichen Gegebenheiten hilft den Teilnehmern am sprachlichen Markt zusätzlich dabei, die wahrscheinliche Wertigkeit eines von ihnen selbst oder von anderen erzeug-

---

119 vergl. BOURDIEU (2005), S.80f
120 vergl. BOURDIEU (2005), S.81

ten sprachlichen Produktes vorwegzunehmen bzw. solche Produkte zu erzeugen, deren Akzeptanz von hoher Wahrscheinlichkeit ist. Daraus ist zu schließen, dass wir praktisch jedes Mal wenn wir sprechen einer (vermutlich in den meisten Fällen unbewussten) Selbstzensur unterliegen und damit versuchen das von uns sprachlich produzierte Gut den aktuellen Marktgegebenheiten unseres sozialen Umfeldes anzupassen.[121] Genau hier könnte der Schlüssel zur Überwindung von Grenzen durch Sprache und Mythos zu suchen sein: wenn wir uns unsere sprachliche Begrenzung und unsere Selbstzensur bewusst machen und anschließend überwinden können, dadurch Unsagbares sagbar machen und dabei gleichzeitig allgemein bekannte und verständliche mythische Vorstellungen benutzen, um die gesellschaftliche Akzeptanz für das gesagte Unsagbare zu erhöhen oder den Weg zu dieser Akzeptanz vorzubereiten und zu ebnen. Nichts desto trotz muss aber ein gangbarer Weg gefunden werden, den bei der Überwindung von gesellschaftlicher / politischer Begrenzung und Selbstzensur entstandenen sprachlichen Produkten auf dem offiziellen Sprachmarkt Gehör und Glaubwürdigkeit zu verschaffen – sonst bleiben sie inselhafte, isolierte Einzelprodukte für eine beschränkte Anzahl von Beteiligten und Protagonisten, die nur ein kleines „Marktsegment" bedienen, das vom offiziellen sprachlichen Austausch weit entfernt und für die Gesellschaft als Ganzes völlig unbedeutend bleibt. Die Chicana-Bewegung sucht diesen Weg nicht zuletzt über die darstellende Kunst und die Literatur für sich zu finden und in der US-amerikanischen Gesellschaft zu etablieren. Viele Protagonistinnen der Chicana-Bewegung sind Schriftstellerinnen, Schauspielerinnen oder Malerinnen. Als Beispiele sind hier die 2004 verstorbene Schriftstellerin Gloria Anzaldúa (ihr zweisprachiges Werk „Borderlines – La Frontera"[122] gilt als Klassiker der Chicana-Literatur), oder auch die Schriftstellerinnen Cherríe Moraga und Sandra Cisneros zu nennen. Weiter bekannte Beispiele für Chicana/o-Kunst sind die „Murals", großflächige öffentlich zugängliche Wandmalereien – bekannt sind z.B. die Darstellungen der Virgen de Guadalupe, das Bildnis Frida Kahlos oder der sog. „Soldadera" im Chicano Park, Barrio Logan, San Diego, Ca.

Was aber in der Frage nach dem „Marktwert" einer sprachlichen Produktion bei Bourdieu ausschlaggebend wird, ist folgende Feststellung:

> „Die zu erwartenden Rezeptionsverhältnisse gehören nämlich mit zu den Produktionsverhältnissen, und die Vorwegnahme der Sanktionen des Marktes ist an der Diskursproduktion entscheidend beteiligt."[123]

---

121 vergl. BOURDIEU (2005), S.84f
122 ANZALDÚA, Gloria (2007): Borderlines / La Frontera: The New Mestiza. 3rd edition. San Francisco, Ca.: Aunt Lute Books
123 vergl. BOURDIEU (2005), S.84

Der zu erwartende Marktwert des erst entstehenden Diskurses wird von vorne herein, lt. Bourdieu unbewusst, mit einbezogen. Durch unseren sprachlichen Habitus versuchen wir unbewusst unsere sprachlichen / diskursiven Produktionen von vorne herein den seit der frühesten Kindheit eingelernten Gesetzmäßigkeiten des etablierten Sprachmarktes anzupassen. Das macht einerseits natürlich Sinn, weil wir schließlich wollen, dass unser sprachliches Produkt angenommen und akzeptiert wird. Andererseits beinhaltet dieser unbewusste Mechanismus der Anpassung des sprachlichen Habitus aber auch eine Form von Selbstzensur. Wir machen also von vorne herein schon Zugeständnisse an die Gesellschaft und unsere private und berufliche Umgebung, und erlegen uns Korrektive und Selbstzensur auf, indem wir „akzeptieren, dass wir uns akzeptabel machen müssen".[124] Dies könnte bereits darauf hindeuten, dass die Selbstzensur, deren Anwendung uns anscheinend von Kindheit an gelehrt wird, Hand in Hand mit der von außen einhergehenden vorgegebenen Fremdbeschränkung durch die gesellschaftlichen Konventionen geht. Wenn nun die Grundlagen der bereits kindlich eingelernten Selbstzensur und der gesellschaftlichen Konventionen, denen das Individuum täglich begegnet, nicht übereinstimmen (wie das bei den mexikanisch-stämmigen US-Amerikanerinnen durchaus der Fall sein kann, wenn sie die Diskrepanz zwischen dem akzeptierten Verhalten in der Herkunftsfamilie und dem akzeptierten Verhalten in der US-Amerikanischen Gesellschaft generell betrachten) wird das möglicherweise als Defizit im Alltag erlebt und führt dazu, dass nach Wegen zur Überwindung dieser Diskrepanz und zur Überschreitung der als widersprüchlich erlebten Beschränkungen gesucht wird, bzw. dass versucht wird, diese Widersprüchlichkeiten in Einklang zu bringen. Zumindest ist eine spekulative Betrachtung der Situation in diese Richtung eine Möglichkeit bei der anstehenden Betrachtung der Mechanismen zur Verschiebung von (sozialen) Grenzen mit der Hilfe von Sprache und Mythos.

Bourdieu weist in diesem Zusammenhang auch ausdrücklich auf die Problematik hin, die mit der Bilingualität einhergeht, wenn einer der beiden ortsüblich gesprochenen Sprachen als „minderwertiger" betrachtet wird. Auch wenn ein Nicht-Ortsansässiger – der also nicht zur örtlichen Gesellschaft „dazugehört" – die zweite ortsübliche Sprache spricht, kommt er nur schwer in ein Gespräch auf Augenhöhe mit einem Einheimischen, weil dieser stillschweigend unterstellt, dass der von auswärts dazugekommene den einheimischen Dialekt bzw. die einheimische Sprache gegenüber der Amtsprache geringer schätzt. Als Beispiel bringt Bourdieu die am Fuß der Pyrenäen gelegene französische Provinz Béarn, wo man neben der Amtssprache Französisch auch eine alte okzitanische Sprache, das Béarnais, spricht. Bourdieu betont auch die Künstlichkeit die in so

---

124 vergl. BOURDIEU (2005), S.84

einem Gespräch zwischen „Insider" und „Outsider" entsteht oder zumindest zu entstehen droht. Sogar und gerade die Beherrschung der örtlichen Sprach kann dem Außenstehenden anscheinend noch zusätzlich als Strategie der Herablassung gegenüber den Einheimischen ausgelegt werden, was stark auf ein Minderwertigkeitsgefühl, auf die Akzeptanz der „Minderwertigkeit" der eigenen Sprache hindeutet.[125] Genau in der selben Situation befinden sich zu einem guten Teil sicher auch die mexikanisch-stämmigen US-Bürger (und natürlich auch andere in den Vereinigten Staaten ansässige Hispanics): das Spanisch, das viele im privaten Bereich sprechen, gilt in vielen Gegenden nach wie vor unterschwellig als „minderwertige" Sprache, auch wenn es bereits auf dem Weg ist, die neben Englisch am zweit öftesten gesprochene Sprache in den USA zu sein. Natürlich darf auch nicht außer Acht gelassen werden, dass die US-amerikanische Verfassung nach wie vor Englisch als Amtssprache vorsieht und dass nach wie vor jeder neue Staatsbürger Englisch als seine hauptsächliche Sprache akzeptieren muss.

Eine wichtige Funktion in der menschlichen Interaktion nimmt daher auch der Kompromiss zwischen Nachdruck der Aussage und der (Selbst- und Fremd-) Zensur ein: wenn der Sprecher sich nicht befugt fühlt, etwas zu fordern oder jemanden zu etwas zu bringen, sucht er lt. Pierre Bourdieu einen Weg, die Frage der Befugnis bzw. der Anzweifelung derselben zu umgehen. Wenn das Verhältnis zwischen zwei interagierenden Sprechern asymmetrisch ist, muss ein Anliegen des gesellschaftlich und sprachmarktlich unterlegen Erscheinenden an den offenbar als „Höherstehend" geltenden so formuliert werden, dass es innerhalb des sozialen und sprachlichen Feldes angenommen werden kann – es darf weder zu nachdrücklich noch zu drängend sein. Die verfügbaren Ressourcen müssen optimal genutzt werden, gleichzeitig muss dabei unbedingt die korrekte Form des offiziellen Sprachmarktes gewahrt bleiben. Es gibt für jeden einzelnen Fall eine wirksame „Formel", die innerhalb der akzeptierten Grenzen liegt und vom Gegenüber akzeptiert werden kann.[126]

> „Der Sinn für den Wert der eigenen sprachlichen Produkte ist eine
> grundlegende Dimension des Sinnes für den Ort, auf dem man sich im
> sozialen Raum befindet: Das ursprüngliche Verhältnis zu den verschie-
> denen Märkten und die Erfahrung der Sanktionen, denen die eigenen

---

125 vergl. BOURDIEU (2005), S.85f
126 vergl. BOURDIEU (2005), S.86ff – als Beispiel führt Bourdieu die mannigfaltigen
     Möglichkeiten an, wie man ein gegenüber zu einem Besuch bei sich einladen kann –
     jeweils abhängig davon ob es sich um einen Verwandten, einen Freund, einen Nach-
     barn, einen Vorgesetzten etc. handelt – die Möglichkeiten des Ausdruckes für ein und
     dasselbe Ansinnen sind schier unendlich.

Produkte anheimfallen, sind sicher – zusammen mit der Erfahrung des Preises des eigenen Körpers – eine der Vermittlungen, über die jene Art *Sinn für den eigenen sozialen Wert* ausgebildet wird, der das praktische Verhältnis zu den verschiedenen Märkten (Schüchternheit, Gewandtheit, usw.) und ganz allgemein das gesamte Verhalten in der sozialen Welt beherrscht." (kursive Hervorhebungen aus dem Original übernommen – S.P.)[127]

Gerade die Art der Selbsterkenntnis, die Bourdieu hier zu zeigen versucht – der Sinn für den eigenen sozialen Wert – scheint mir für den sprachlichen Habitus und das mit ihm gezeigte Selbstvertrauen (und natürlich auch im Gegenteil, das Fehlen von Selbstvertrauen) und damit für die Gesamterscheinung eines Individuums innerhalb einer Gruppe von grundlegender Bedeutung zu sein. Nur aus dieser Selbsterkenntnis heraus kann die eigene Stellung innerhalb der Gesellschaft wahrgenommen werden. Die Frage ist, ob das Individuum gewillt ist, den ihm zugewiesenen Platz zu akzeptieren, und wenn das nicht der Fall ist, wie und in welcher Form eine Veränderung der aktuellen sozialen Gegebenheiten möglich ist. Aus Bourdieus Erkenntnissen lässt sich unter anderem folgern, dass für eine solche Veränderung der sozialen Gegebenheiten bzw. der aktuellen sozialen Stellung eines Individuums (und in der Folge auch einer ganzen sozialen Gruppe) nicht mehr und nicht weniger als eine Veränderung des sprachlichen Habitus notwendig ist. Die Veränderung der Sprache bewirkt die Veränderung der Person – damit stellt sich die Frage, ob nicht auch umgekehrt das insistieren auf eine bestimmte Art der Sprache und des sprachlichen Habitus (im Fall der Chicana/o-Bewegung die spanische Sprache und der südländisch-mexikanisch Sprachhabitus) die Möglichkeit in sich trägt die Gesellschaft zu ändern. Wenn die domestizierte, dem Sprachmarkt angepasste und unterworfene, Sprache die Macht besitzt auch den Körper zu domestizieren und zu zensieren, muss auch die Möglichkeit bestehen, dass umgekehrt eine freie Rede, die sich der offiziellen, legitimen Sprache nicht unterwirft, auch die Möglichkeit eröffnet, die selbst auferlegten Grenzen – sowohl die körperlichen als auch die gedanklichen – zu überschreiten. Dabei darf jedoch nicht außer Acht gelassen werden, dass sich ja umgekehrt innerhalb jeder politischen und sozialen Bewegung wieder ein eigener Sprachmarkt und alle mit ihm einhergehenden geistigen und körperlichen Zensuren und Konformitätsbewegungen entwickeln muss. Die Protagonisten dieses sozialen Feldes wollen ja wiederum die Stellung innerhalb des sozialen Feldes einerseits einschätzen und andererseits auch festigen können. Es ist also die Frage zu stellen, ob sich gegenüber der von Bourdieu konstatierten Tendenz

---

127 vergl. BOURDIEU (2005), S.90

in der Sprache zur Festigung der sozialen, politischen und ökonomischen Verhältnisse und Gegebenheiten nicht immer auch wieder die gegenteilige Tendenz zur Überschreitung dieser Verhältnisse und Gegebenheiten formiert und hier möglicherweise eine ständige zyklische Verschlingung von Bewegung und Gegenbewegung vorliegt. Durch die Tendenz der Sprache aktuelle Gegebenheiten zu festigen und rückzubestätigen, bilden sich in der Sprache und ihrer Wertigkeit auf dem Sprachmarkt, wie oben bereits erwähnt, auch die aktuellen Machtverhältnisse ab.

Sprache und (symbolische) Machtverhältnisse – autorisierte Sprache und ritualisierter Diskurs

Die Sprache und ihre (Wort)Elemente, die Begrifflichkeiten die sich in ihr entwickelt haben und die sich auch weiterhin ständig entwickeln, tragen die Konstruktion des menschlichen Zusammenlebens mit. Bourdieu beruft sich hier auf den Neukantianismus, der auch der Sprache eine Wirkkraft zuspricht, die sich auf die Konstruktion der aktuellen Wirklichkeit bezieht:

„Über die Strukturierung der Wahrnehmung, die die sozialen Akteure von der sozialen Welt haben, trägt das Benennen zur Strukturierung dieser Welt selbst bei, und zwar umso grundlegender, je allgemeiner es anerkannt, das heißt autorisiert ist. Kein sozialer Akteur, der nicht auch im Rahmen seiner Möglichkeiten Anspruch auf die Macht erhöbe, zu benennen und benennend die Welt zu gestalten …"[128]

In der Macht etwas zu benennen liegt auch die Macht einem Menschen im eigenen Namen oder im Namen einer Gruppe von Personen Eigenschaften zuzuschreiben, ihn zu Ernennen, ihm eine bestimmte Funktion innerhalb der Gruppe zuzuweisen etc. – damit ist immer auch eine Intention, die Absicht etwas bestimmtes zu erreichen / durchzusetzen, die eigenen Interessen oder die Interessen der Gruppe gegenüber dem Anderen in den Vordergrund zu stellen, verbunden. Die Möglichkeit dieses Interesse durchzusetzen korrespondiert mit dem „Wert" der einer Benennung / Ernennung aktuell am Sprachmarkt zugemessen wird. Dieser wiederum ist von der gesellschaftlichen Stellung abhängig, die jeweils dem Benenner und dem Benannten auf diesem Markt, innerhalb des in Frage stehenden sprachlichen Feldes, zustehen. Pierre Bourdieu vergleicht diese

---

128   vergl. BOURDIEU (2005), S.99

Vorgänge sogar mit performativer Magie, deren Ziel es ebenfalls ist, das Gewünschte durch Aussprechen desselben zu erreichen – der Magier ist die Autorität, in dessen Macht es liegt, die Umwelt zu verändern, so wie es in der Macht des gesellschaftlich dazu Autorisierten liegt, durch Aussprechen einer Benennung die sozialen Verhältnisse innerhalb der sozialen Welt (die diese seine Autorität anerkennt) zu ändern.[129]

So wirft Bourdieu John L. Austin (und in Folge auch Jürgen Habermas) vor, die Wirkkraft der Worte im Diskurs, d.h. in der sprachlichen Substanz selbst, zu suchen, und dabei zu übersehen, dass diese Wirkkraft / Macht zu einem guten Teil von außen dazu kommt und nicht in der Sprache selbst zu finden ist. Die Wirkkraft / Macht und damit das Gewicht, dass einem Wort von den Zuhörern zugemessen wird, ist, wie oben ausgeführt, von der sozialen Stellung des Sprechers, vom Umfeld, in dem gesprochen wird, etc., abhängig. Das gesprochene Wort manifestiert und symbolisiert die Autorität, die dem Sprecher innerhalb seiner Gemeinschaft aktuell zugestanden wird. Bourdieu bezeichnet dieses Gewicht, das dem gesprochenen Wort durch die Autorität des Sprechers zukommt, auch als „illokutorische Macht". Die Autorität des Sprechers rührt aber nicht zuletzt auch davon her, dass er Zugang zur Benutzung der „legitimen" Sprache hat, und diese mit der gleichen Sicherheit wie ein Professor, Priester, Standesbeamter, etc. (also jemand, der institutionell autorisiert ist!) gebraucht. Ein hoher Status innerhalb der Gesellschaft garantiert auch den Zugang zur legitimen Sprache und zu Bildung. Die Teilhabe und Teilnahme an den offiziellen, legitimen Ausdrucksmitteln garantiert also auch die Teilhabe an der Institution, am offiziellen Staat, am öffentlichen / gesellschaftlichen Leben.[130]

> „Dieser Zugang zu den legitimen Ausdrucksmitteln, also die Teilhabe an der Autorität der Institution, macht den *ganzen* nicht auf den Diskurs selbst rückführbaren Unterschied zwischen der Hochstapelei der *masquerades* – die die performative Aussage deskriptiv oder konstatierende bemänteln – und der Hochstapelei derer aus, die dasselbe mit Autorisierung und Autorität einer Institution tun. (kursive Hervorhebungen aus dem Original übernommen – S.P.)"[131]

Bourdieu vergleicht also die Wirkkraft des Sprechers und seiner Worte mit Magie / einer magischen Handlung[132] - in dem Sinn, dass der Sprecher seine Zuhörer durch Worte in seinen Bann zieht, um dadurch „Arbeit ohne die Ver-

---

129   vergl. BOURDIEU (2005), S.99f
130   vergl. BOURDIEU (2005), S.100ff
131   vergl. BOURDIEU (2005), S.103
132   vergl. BOURDIEU (2005), S.103

ausgabung von Arbeit zu erhalten"[133] – und spricht sogar von den *„Ritualen der sozialen Magie"* (kursive Hervorhebungen aus dem Original übernommen – S.P.)[134] deren Bedingungen erfüllt sein müssen, wenn der Sprecher sein Ziel erreichen will. Die Bedingungen lassen sich letztgültig darauf reduzieren, dass die soziale Funktion des Sprechers dem von ihm geführten Diskurs entsprechen muss, um seiner Handlung die entsprechende Macht / Wirkkraft zu verleihen: einer performative Aussage (Schiffstaufe, Heirat, um auf die bereits genannten Beispiele zurückzukommen) kommt nur dann Gültigkeit zu, wenn der Sprecher auch offiziell autorisiert ist, diese Aussage zu treffen und die mit ihr einhergehende Handlung durchzuführen. Es müssen also alle Bedingungen des Systems zusammenspielen, damit die (mit Bourdieus Worten) „soziale Magie" eines performativen Aktes gelingen kann. Die Crux dabei ist, dass es nicht reicht, wenn die Wörter / der Diskurs von den Zuhörern verstanden wird – nein, sie müssen darüber hinaus auch Anerkennung bei der Zuhörerschaft finden. Und diese Anerkennung findet ihre Analogie in der Anerkennung der offiziellen Institution, in deren Namen der Diskurs letztgültig geführt wird bzw. die den Sprecher autorisiert hat sie zu vertreten. Die Anerkennung der Gültigkeit eines Wortes oder eines Diskurses, die schließlich auch seine Wirkkraft und sein Gewicht innerhalb der Gesellschaft ausmacht, ist nicht im einzelnen Wort der Sprache oder in ihrer grammatikalischen Logik zu finden.[135]

Die Anerkennung performativer Aussagen hängt damit letztgültig also auch mit der Verwendung der legitimen Sprache zusammen, die die Sprache des Offiziellen, der Institutionen ist, die auch der Träger der betreffenden „Performance" ist. Innerhalb dieses Rahmens kann die Anerkennung eines Diskurses sogar vorausgesetzt werden, unabhängig davon, ob die Zuhörer ihn überhaupt verstanden haben: sie muss nur alle Voraussetzungen der Legitimität erfüllen – eine legitimierte Sprechsituation, mindestens einen legitimierten Sprecher, Legitimation durch die Zuhörer und legitimierte Form. Bourdieu bezeichnet das auch als die „liturgischen Bedingungen" für das Gelingen einer performativen Aussage oder auch eines offiziellen Diskurses. Diese Bedingungen müssen immer zusammen spielen, das ledigliche Vorhandensein einer einzelnen oder eines Teiles der Bedingungen reicht noch lange nicht für die offizielle Legitimation aus. Es kommt also bei der sprachlichen Produktion weder nur auf den Wortschatz noch rein auf die Grammatik an, sondern auf die Einhaltung der gesellschaftlichen Konvention. Die gesellschaftlichen Bedingungen der Produktion und Reproduk-

---

133   vergl. BOURDIEU (2005), S.103
134   vergl. BOURDIEU (2005), S.104
135   vergl. BOURDIEU (2005), S.103ff

tion des Diskurses sind die ausschlaggebenden Faktoren für dessen allgemeine Anerkennung.[136]

Die Anerkennung durch die Zuhörer beinhaltet aber immer gleichzeitig auch die Anerkennung der aktuell Herrschenden durch die so Angesprochenen. Durch Anerkennung des offiziellen Diskurses und der offiziell legitimierten performativen Aussagen versichert sich die herrschende Klasse ihrer eigenen Macht und die Regierten erkennen die herrschende Klasse als solche an.

Die Einsetzung des legitimierten Sprechers

Um nun den legitimierten Sprecher in Amt und Würde zu setzen ist eine offizielle, für alle sichtbare Übertragung der Ämter notwendig. Bourdieu spricht vom Einsetzungsritus, dem Übergangsritual, das den legitimierten vom nicht-legitimierten (nicht-beamtete, nicht-offiziellen) Sprecher trennt. Die sanktionierte und legitimierte Trennung von einem anderen Teil der Gesellschaft ist dabei das ausschlaggebende Moment beim Einsetzungsritus – nicht das Überschreiten der Grenze selbst, sondern die Trennlinie, die einen Teil der Gesellschaft für alle Zeiten vom anderen abgrenzt, ist für Pierre Bourdieu der entscheidende Ansatzpunkt: [137]

> „Von Einsetzungsriten sprechen heißt, die Aufmerksamkeit darauf zu lenken, dass jeder Ritus auf Bestätigung oder Legitimierung abzielt, also darauf, dass eine *willkürliche Grenze* nicht als willkürlich erkannt, sondern als legitim und natürlich anerkannt wird; oder, was auf dasselbe hinausläuft, die feierliche, das heißt statthafte und außer-ordentliche Überschreitung grundlegender Grenzen der – um jeden Preis zu wahrenden – sozialen und mentalen Ordnung zu vollziehen ….“[138]

Der Einsetzungsritus macht also aus sozialen Eigenschaften (Bourdieu führt als Beispiel die Trennung von männlich / weiblich an[139]) Eigenschaften, die als natürlich gegeben erscheinen und gesellschaftlich als solche natürlich gegebenen Zuschreibungen anerkannt werden. Gleichzeitig wird durch den Einsetzungsritus

---

136 vergl. BOURDIEU (2005), S.105ff
137 vergl. BOURDIEU (2005), S.111
138 vergl. BOURDIEU (2005), S.111
139 in Bourdieus Beispiel von männlich / weiblich wird ein bereits bestehender Unterschied herangezogen und dem System zunutze gemacht; es ist aber auch möglich, durch den Einsetzungsritus erst einen Unterschied zu schaffen (BOURDIEU (2005), S.113)

die bestehende soziale Ordnung festgeschrieben und bestätigt. Darüber hinaus verändert sich aber auch die Wirklichkeit: durch die Einsetzung in ein Amt verändert sich sowohl die Wirklichkeit, Verhalten und Selbstsicht des Eingesetzten als auch die Wirklichkeit, das Verhalten ihm / ihr gegenüber und die Sicht auf ihn / sie durch die übrige Gesellschaft. Wer offizielle eingesetzt ist oder durch einen Einsetzungsritus einer bestimmten Gruppe angehört darf mit höherem Ansehen etc. rechnen; er / sie gilt als Vertrauenswürdig. Die „soziale Magie" (siehe oben) kommt hier wieder zum Tragen. Besonders viel Gewicht kommt einem Einsetzungsritus zu, wenn er in einem scheinbar objektiven Auswahlverfahren besteht – Bourdieu führt als Beispiel den sog. „Concours" an, die Aufnahmeprüfungen für die französischen Eliteschulen. Trotz dem Anschein der objektiven Differenzierung, der Einbindung von anscheinend objektiven Verfahren zur Auswahl der Kandidaten, führt dieses Einsetzungsritual eher zu einem Kontinuum, die Zugehörigkeit zu einer bestimmten sozialen Klasse erweist sich als Vorteil, auch wenn das offiziell heruntergespielt oder geleugnet wird. Der gesellschaftliche Unterschied, zwischen dem letzten der bestanden hat und dem ersten der nicht bestanden hat ist einer wie Tag und Nacht – obwohl die Leistungen vermutlich sehr nah beieinander liegen und obwohl es letztlich um eine willkürlich gezogene Grenze geht, die eingezogen wird um zu verhindern, dass eine zu große Anzahl von Schülern die Prüfung besteht.[140] Die Institution selbst und ihre Protagonisten werden vermutlich leugnen, dass die Grenze willkürlich gezogen ist und das auch argumentieren („Irgendwo müssen wir eine Grenze ziehen", etc.) und auf die Objektivität der Prüfungskriterien pochen, die in Wahrheit eine Momentaufnahme sind und sehr wenig Aussagekraft haben und darüber hinaus vielleicht noch persönliche Sympathien und Antipathien mitspielen. Dasselbe gilt für die Aufnahme an einer Amerikanischen Elite-Universität, wo die objektiv prüfbaren Kriterien bei weitem nicht ausreichen, da zu viele Kandidaten diese erfüllen würden – daher ist die Tatsache, dass bereits eines oder mehrere Mitglieder der Familie die Universität besucht haben, die persönliche Bekanntschaft mit einem Professor oder gegebenenfalls eine größere Geldspende an die Universität ein entscheidendes Kriterium für die tatsächliche Aufnahme. Eine Tatsache die auch für die Chicana/o-Bewegung in Bildungsfragen von Bedeutung ist.

Mit dem Ritual der Einsetzung wird dem Individuum gleichzeitig aber auch ein Etikett verpasst, das ihn / sie zu einer bestimmten Art des sozialen Seins verpflichtet. Jemand wird durch Initiation (Einsetzung) bedeutet, dass er in Zukunft so sein darf und so sein muss – einerseits Berechtigung andererseits Verpflichtung. Gleichzeitig wird anderen Individuen, die nicht initiiert werden, auch

---

140   vergl. BOURDIEU (2005), S.112f

ihr Platz zugewiesen, sie werden durch die Nicht-Einsetzung / Nicht-Initiation auch auf eine bestimmte Art des sozialen Seins verwiesen. Auch dieser Mechanismus ist grundsätzlich System erhaltend und festigt bestehende soziale Verhältnisse und bestehende Machtverhältnisse. Durch Zuweisung eines Platzes in der Gesellschaft wird jeder Person eine Identität verliehen. Solange diese Benennungen und Zuweisungen vom größeren Teil der Gesellschaft akzeptiert werden, bleiben die Verhältnisse stabil. Bourdieu betrachtet daher den Akt der Einsetzung als Kommunikations- / Sprechakt der besonderen Art für die Gesellschaft: er *„bedeutet"* (im Sinn von zuweisen, darauf hin deuten) einer Person offiziell und üblicherweise auch öffentlich ihre Identität – diese zukünftige Identität wird mit dem Einsetzungsritus einerseits öffentlich gemacht, und fordert die betroffene Person andererseits gleichzeitig auch auf, den mit der Benennung einhergehenden gesellschaftlichen Erwartungen gerecht zu werden. Die offizielle und öffentliche Anerkennung besiegelt auch das Schicksal der beteiligten Personen.[141]

Bourdieu spricht auch im Zusammenhang mit allen Einsetzungsritualen wieder von Magie – von der *performativen Magie der Einsetzungsakte.* Ihre zugrunde liegende magische Formel ist „werde, was du bist".[142] Damit haben die Einsetzungsakte einen profunden Einfluss auf uns alle und unser Schicksal – schon dem kleinsten Kind werden Rollen innerhalb der Familie bzw. innerhalb der Gesellschaft zugewiesen, die konform mit der hierarchischen Struktur innerhalb der eigenen Familie, seinem Geschlecht, dem sozialen Status seiner Herkunftsfamilie gehen. Das Kind hat aufgrund seines geringen Status und damit einhergehend aufgrund seiner geringen Macht sich zur Wehr zu setzen diese „Einsetzungen" vorerst anzunehmen und den somit zugewiesenen Pflichten nach zu kommen. Das Kind hat vermutlich auch vorerst gar nicht den Willen oder das notwendige Wissen um die Zuweisungen seiner Eltern / seiner Familie (die gleichzeitig natürlich auch Anweisungen sind) zu hinterfragen.[143]

„Alle sozialen Schicksale, ob positiv oder negativ, Sanktionierung oder Stigma, sind gleichermaßen *fatal* – ich meine: tödlich -, weil sie die dergestalt Unterschiedenen in Grenzen einschließen, die ihnen zugewiesen sind und die sie anerkennen müssen. (kursive Hervorhebungen aus dem Original übernommen – S.P.)"[144]

---

141 vergl. BOURDIEU (2005), S.114f
142 vergl. BOURDIEU (2005), S.115
143 Ich darf in diesem Zusammenhang nochmals auf die psychologische Arbeit von Eric Berne und Claude Steiner verweisen. Diese These vertritt auch Claude Steiner bezüglich der „Scripts in der Transaktionsanalyse. – siehe oben
144 vergl. BOURDIEU (2005), S.115

Die Grenze wirkt dabei in beide Richtungen: sie soll einerseits verhindern, dass jemand seiner Zuweisung, seiner „Einsetzung" innerhalb der Gesellschaft entkommt, andererseits soll sie gleichzeitig verhindern, dass ein Außenstehender, ein „Nicht-Offiziell-Eingesetzter" einen falschen Platz in der Gesellschaft einnehmen kann, nämlich den eines „Offiziell-Eingesetzten". Wenn nun die Chicana-Künstlerinnen und –Autorinnen alte mexikanische Mythen einer Revision unterziehen und sie aus anderen, neuen Perspektiven und mit anderen, neuen Schussfolgerungen in der heutigen Zeit erzählen, oder mythische Figuren uminterpretieren und in einen modernen Kontext setzen, brechen Sie damit die Regeln der legitimen „Einsetzung". Sie brechen mit den traditionellen Regeln ihrer Gesellschaft, um die Grenzen zu durchbrechen, die mit den Anweisungen / Zuweisungen / „Einsetzungen" ihrer eigenen Vorfahren einhergehen. Gleichzeitig brechen sie jedoch auch die traditionellen Regeln der Angloamerikanischen Gesellschaft, die den Mexikanern (und natürlich auch allen anderen in Nordamerika lebenden Nationalitäten) ihrerseits ebenfalls Zuweisungen gibt, sie in angloamerikanisch vorgesehene Grenzen „einsetzt" und (zurück)verweist.

Die Abgrenzung gegen andere geht lt. Bourdieu auch damit einher, dass von den designierten Eingesetzten / Eliten auch ein körperlicher Habitus erlernt werden muss, der die Einsetzung rechtfertigt und ihre Differenzierung als „natürlich gegeben" erscheinen lassen soll. Der Erwerb dieses Habitus geht mit Arbeits- und Lernprozessen einher, die Angehörige der „Elite" in jeder Gesellschaft durchlaufen müssen, um dazu zu gehören, um sich als würdig zu erweisen, an den mit der legitimen „Einsetzung" einhergehenden Privilegien (u. a. besondere Freiheiten innerhalb der Gesellschaft) teil zu haben. Die Grenze wird dem Körper eingeschrieben, der so erlernte körperliche Habitus unterscheidet die „Eliten" von den „Normalsterblichen", den anderen. So kann auch eine willkürlich festgelegte Differenzierung von beiden beteiligten Seiten als natürlich gegeben erklärt und akzeptiert werden, sie ist damit in der Gesellschaft festgeschrieben und für alle Beteiligten lesbar. Die Überschreitung der so vorgegebenen sozialen Beschränkungen wird damit zum Privileg und zu einer gesellschaftlichen und politischen Aussage. [145] Gestattet wird die Überschreitung von solchen Grenzen einerseits einer bereits gesellschaftlich privilegierten Person, einem / einer „Eingesetzten", andererseits aber eben auch einem / einer KünstlerIn – auch wenn er / sie mexikanischstämmig, also Chicana/o, ist.

Letztgültig besteht aber die Macht der legitim „Eingesetzten" – Minister, Standesbeamte, Priester, etc. – darin, dass ein gesellschaftlicher Konsens darüber besteht, dass die Institution, die sie eingesetzt hat, dies *zu Recht* getan hat. Das mit der offiziellen Einsetzung einhergehende Ritual ist nur die wiederholte

---

145   vergl. BOURDIEU S.116ff

Bestätigung durch das Volk / die Gesellschaft und unter deren Beisein, dass die Macht der einsetzenden Institution und ihrer Vorgaben nach wie vor ungebrochen ist, dass sie nach wie vor die „legitime" Macht ist. Durch ständige Wiederholung schreibt sie sich gleichzeitig auch fest, fängt sie kritische Hinterfragung schon im Anfangsstadium ab. Die gleichzeitig aber geduldete Hinterfragung durch die Eliten selbst (zu denen unter umständen auch die Künstler zählen, zumindest die als „erfolgreich" betrachtete), ist meines Erachtens eine Art Ventilmechanismus. Er lässt es den einen offen, ihren Bedenken Ausdruck zu geben, während er die andere in Sicherheit wiegt, dass sich schon jemand um ihre Belange kümmert und für sie Partei ergreift.

Repräsentation, Macht und politische Wirkkraft bei Pierre Bourdieu

Die soziale Gliederung ist, folgt man Pierre Bourdieus Beschreibung, nie natürlich gegeben oder nach objektiven Kriterien messbar, sondern sie ist das Ergebnis eines Machtgewinnungs- und Legitimationsprozesses – oder eben ein Prozess des Verlustes von Macht und Legitimation. Die Sprache ist dabei das Mittel der Wahl, um das, was sein soll, mit Autorität auszusprechen und durch dieses offizielle / legitime Benennen die Welt der Willkür zu entreißen, Gesetze und Grenzen festzulegen, allem existierenden seine Identität zuzuweisen. Das gilt im gleichen Maße für die politischen Staatsgrenzen:

> „Die „Realität ist in diesem Falle durch und durch sozial, und auch die „natürlichsten" Klassifizierungen beruhen auf Merkmalen, die nichts weniger als natürlich sind, sondern großenteils das Ergebnis willkürlicher Festlegungen, das heißt das Ergebnis eines früheren Standes der Machtverhältnisse im Feld der Auseinandersetzungen um eine legitime Grenzziehung. Die Grenze, Ergebnis eines rechtlichen Grenzziehungsaktes, produziert den kulturellen Unterschied und ist zugleich sein Produkt: Man braucht nur an die Wirkung des Bildungssystems im Bereich der Sprache zu denken, um zu sehen, dass der politische Wille aufheben kann, was Geschichte geschaffen hat."[146]

Politisches Handeln entsteht durch die Beeinflussung der sozialen Welt anhand von Beeinflussung und Veränderung der allgemein gültigen Erkenntnisse /

---

146 vergl. BOURDIEU (2005), S.123

Benennungen / Identitäten – auch Judith Butler sieht einen tiefen Zusammenhang zwischen Benennung (sie nennt es „Anrufung" / „Invocation", „Interpellation" – siehe oben) und politischem Handeln sowie aktueller Lebenswirklichkeit. Politisches Handeln zielt darauf ab, die eigenen Erkenntnisse / Benennungen / Identitäten (bzw. die einer Interessensgruppe) durchzusetzen, um so die aktuelle Realität der Gesellschaft zu beeinflussen, und an die von der entsprechenden Interessensgruppe gewünschten / favorisierten Erkenntnisse / Benennungen / Identitäten anzugleichen. Die eigene Gruppierung wird dadurch für den Rest der Gesellschaft sichtbar gemacht – sie erhebt sich aus der Anonymität, der Belanglosigkeit, und verschafft sich ihre eigenen Repräsentationen. Man setzt seine eigenen Klassifizierungs- und Kategorisierungsschemata durch und beeinflusst damit die bereits bestehenden Erkenntnisse der aktuellen Gesellschaft um diese nach der eigenen Vorstellung und dem eigenen Idealbild zu verändern. Die Grundlagen jeglicher Klassifizierung sind nach wie vor willkürlich, Bourdieu sieht aber in der oben beschriebenen ständig vor sich gehende Korrespondenz zwischen sozialer Welt und politischem Handeln die Basis für eine Art „Ur-Bejahung" der bestehenden Verhältnisse und damit als Basis für deren Beständigkeit. [147]

Um nun einen Bruch mit der bestehenden Ordnung herbeizuführen ist eigentlich eine Konversion der Weltsicht, eine vollständige Änderung der Perspektive notwendig – das ist gar nicht einfach zu erreichen, da auch die Akteure eines Umbruchs in der bestehenden Ordnung ihre Wurzeln haben und von deren Klassifizierungen und Kategorisierungen geprägt sind. Als Voraussetzung dass das überhaupt passieren kann betrachtet Bourdieu das Zusammentreffen eines kritischen Diskurses und einer objektiven Krise; dieses Zusammentreffen vermag es, die bestehenden Strukturen aufzubrechen und die ursprüngliche Bejahung der bestehenden Ordnung zurückzunehmen und zu verändern oder gar in ihr Gegenteil zu verkehren:

„der häretische Bruch mit der bestehenden Ordnung und den Dispositionen und Vorstellungen, die sie bei den von ihren Strukturen geprägten sozialen Akteuren erzeugt, setzt jedoch selber voraus, dass ein kritischer Diskurs und eine objektive Krise zusammentreffen, um die unmittelbare Entsprechung zwischen den inkorporierten Strukturen und den Strukturen, aus denen sie hervorgegangen sind, aufbrechen und eine Art praktischer *épochè*, eine Suspendierung der ursprünglichen Bejahung der bestehenden Ordnung einleiten zu können. (kursive Hervorhebungen aus dem Original übernommen – S.P.)"[148]

---

147 vergl. BOURDIEU (2005), S.131
148 vergl. BOURDIEU (2005), S.131

Wir scheinen uns derzeit gerade an so einem von Bourdieu beschriebenen Scheideweg zu befinden – wenn die weltweite Finanzkrise, die vermutlich noch lange nicht ausgestanden ist, auf den sich innerhalb der westlichen Welt mehrenden Diskurs über die Sinnhaftigkeit einer Gesellschaft, deren Wohlstand an ständiges Wirtschaftswachstum gekoppelt ist, trifft, müsste dieses Zusammentreffen genau die in obigen Zitat beschriebene Dynamik entwickeln und ein Tatsächlicher Umbruch sollte möglich werden – das wird die Zeit weisen. Das gleiche gilt für die derzeit viel beschworene „Energiewende" – weg vom Atomstrom, hin zum Ökostrom.

Dabei bedient man sich wieder des performativen sozialmagischen Aktes, der durch die Vorausschau in eine neue Realität versucht, eben diese Realität herbei zu führen. Durch die Entwicklung und Verbreitung der Utopie wird sie erst vorstellbar und dann umsetzbar, und, wenn sie sich durchsetzen kann, zuletzt zur kollektiven Vorstellung, die wiederum einen gewissen Bestand hat und als traditionell erkannt werden kann. Bourdieu betont hier ganz explizit, dass die soziale Realität zutiefst von der Vorstellung abhängt, die wir uns von ihr machen – als Beispiel führt er an, dass es einen großen Unterschied für den Betroffenen und für die Gesellschaft macht, wie die allgemeine Auffassung von z.B. Alkoholismus ist: wenn Suchtverhalten als Krankheit betrachtet wird, zu der es auch eine genetische Disposition gibt, wird es innerhalb der betreffenden Gesellschaft anders und möglicherweise auch wohlwollender rezipiert, als wenn Suchtverhalten z.B. generell als Verkommenheit betrachtet wird, an der der Betroffene allein Schuld trägt.[149]

Am deutlichsten kommt aber die Macht der Sprache über die soziale Realität in Krisensituationen zum Vorschein. Wenn in einer Krisensituation ein häretischer Diskurs Gehör findet, hat dieser Diskurs, wie oben bereits beschrieben, die Möglichkeit, bestehenden Strukturen aufbrechen und neue schaffen. Diese Macht rührt aber nicht von der Sprache selbst oder von der Person des Sprechers her, sondern von der Legitimation durch eine Gruppe, die den betreffenden häretischen Diskurs propagiert und unterstützt, und die groß und angesehen genug ist, um sich Autorität zu verschaffen und den Diskurs bzw. die dahinter stehenden Erkenntnisse / Benennungen / Identitäten öffentlich zu legitimieren. Die Sprache, die von dieser Gruppe benutzt und weitergegeben wird, muss Pierre Bourdieus Untersuchungen zufolge aller Voraussicht nach die neue „legitime" Sprache der Gesellschaft werden.[150]

---

149   vergl. BOURDIEU (2005), S.132
150   vergl. BOURDIEU (2005), S.132ff

Der Zusammenhang von Sprache, Mythos und Grenzen

Die Sprache als Medium für den Mythos

„Die Sprache ist gleichsam die äußere Erscheinung des Geistes der Völker; ihre Sprache ist ihr Geist und ihr Geist ihre Sprache." – Wilhelm von Humboldt[151]

Dieser Ausspruch Wilhelm von Humboldts versucht bereits, Sprache und Mythos gemeinsam zu denken: wenn die Sprache die äußere Erscheinung des Geistes ist, muss sie alle in einem Volk / einer Gesellschaftsgruppe / einer sozialen Schicht vorhandenen Mythen und Archetypen widerspiegeln. Und sie spiegeln sich nicht nur wider, Sprache eröffnet dem Mythos gleichzeitig die Möglichkeit zur Transformation – einerseits zur Anpassung an die aktuell vorherrschenden Gegebenheiten und Meinungen, andererseits muss der Weg auch in die umgekehrte Richtung denkbar sein: wenn der Mythos sich der Gegenwart anpassen kann, besteht auch die Möglichkeit, dass die Gegenwart die Gegebenheiten des Mythos berücksichtigt und der Mythos damit die Zukunft beeinflussen kann. Ohne das Mittel der menschlichen Sprache wäre jedoch weder das eine noch das andere denk- oder gar machbar.

Folgt man nun Pierre Bourdieu, der die Möglichkeiten und Eigenschaften der Sprache als Mittel zur Machtgewinnung und zum Machterhalt untersucht, kann man zur Erkenntnis gelangen, dass letztgültig jedwede von und in der menschlichen Gemeinschaft entwickelte Hierarchie zuletzt auf Sprache beruht. Innerhalb der menschlichen Gesellschaft setzt sich eine Sprache sowie eine Art diese Sprach zu gebrauchen als legitime Sprache durch und kennzeichnet damit ihre Protagonisten als mächtige, herrschende Klasse.[152] Es liegt auf der Hand,

---

151 HUMBOLDT, Wilhelm von (1979): Über die Verschiedenheit des menschlichen Sprachbaues und ihren Einfluss auf die Geistige Entwicklung des Menschengeschlechts. In: ders.: Schriften zur Sprachphilosophie. Werke in 5 Bänden, Bd. 3, hg. Von Flitner, A. und Giel, K. Darmstadt: Wissenschaftliche Buchgesellschaft

152 Anm. S.P.: Damit ist die „legitime Sprache" im Sinne Pierre Bourdieus gemeint, der beschreibt, wie sich innerhalb einer politischen Einheit eine Sprache und eine bestimmte Art diese Sprache zu gebrauchen sich durchsetzt. Für die gesellschaftliche Anerkennung innerhalb dieser politischen Einheit ist es unabdingbar, diese „legitime Sprache" zu beherrschen. Wobei schon zu beachten ist, dass man heute Englisch als „legitime Sprache" der Welt betrachten könnte, dieses Englisch aber vom Sprachgebrauch der Briten

dass dieser Prozess ständigen Veränderungen unterworfen ist und dass sich im Lauf der Geschichte immer wieder andere Sprachen als aktuell legitime Sprache, und damit auch andere Gesellschaftsgruppen / Gesellschaftsschichten als legitim Herrschende durchgesetzt haben.

Was transportiert nun die Sprache, dass sie imstande ist, solche tief greifenden Veränderungen innerhalb der menschlichen Gesellschaft, ihrer Hierarchie und ihres Machtgefüges, auslösen kann? Unter anderem scheinen es archetypische Bilder zu sein, die in vielen Kulturkreisen der Welt gleichermaßen bekannt sind, und die im menschlichen Unterbewusstsein eine Reaktion auslösen zu vermögen. Die Sprache transportiert also nicht nur Wörter, grammatikalisch richtige oder unrichtige Sätze, den gesellschaftlichen und bildungstechnischen Status des Sprechers und andere soziale Gegebenheiten (siehe oben), vielmehr scheint sie auch imstande zu sein, eine Art kollektives Unterbewusstsein der Menschen anzusprechen und abzurufen.

Hier kommt meines Erachtens der Mythos zu Tage und zum Tragen. Die menschliche Sprachfähigkeit ist das grundlegende Element zur Tradierung von bereits da gewesenem. Die ältere Generation überträgt ihr Wissen, ihre Art zu Leben, ihre wissenschaftlichen und kulturellen Betrachtungen, etc., auf die Nachkommende, bei diesem Vorgang transformiert sich die Vergangenheit aber auch – wir wissen bereits seit langem, dass das Erinnerungsvermögen des Menschen nicht das beste ist, und über lange Zeitspannen können sich erinnerte Begebenheiten und ihre Kontexte völlig verändern und sogar eine völlig andere, der ursprünglichen Absicht entgegen gesetzte Bedeutung annehmen. An diesem Punkt können wir Gedanklich zum Kapitell über Mythos und Mythosbegriff (S.20ff) zurückkehren. Wie dort bereits beschrieben, kann der Mythos als tropologisches Phänomen betrachtet werden: seine Aktualität liegt nicht in seiner Präsenz oder Absenz, sonder vielmehr in den Differenzen, in den oppositionellen Möglichkeiten, die er aufzeigt. Der Ort der Differenz ist der „spannende" Ort des Mythos, der bis in die Gegenwart hineinreicht. Der Mythos polarisiert, der dahinter verborgene Konflikt sucht immer wieder neue Lösungswege, die aktuell vertretbar sind, und er wird das aller Voraussicht nach auch in Zukunft immer wieder tun. Dabei bleibt wieder zu beachten, dass diesbezüglich zu jeder Zeit mehrere Perspektiven / Sichtweisen auf ein und dieselbe Fragestellung gleichzeitig gültig sein können: die der Herrschenden (der Besitzer und Träger der legitimen Sprache – und in diesem Zusammenhang auch des „legitimen Mythos", diese Bezeichnung erscheint mir hier durchaus zutreffend zu sein!) und die der diversen Parallelgesellschaften oder Subkulturen. Dieser im Mythos aus-

---

und US-Amerikaner oft sehr weit abweicht, so dass diese weltweit gebraucht, weitgehend englische Sprache bereits eine eigene Bezeichnung bekommen hat: Globish

getragene Konflikt behandelt vermutlich zutiefst menschliche, omnipräsente Fragen, die auch von jeder neuen Menschengeneration aufs Neue beantwortet werden (müssen) um die eigene Lebenswelt zu gestalten und vor allem auch zu erhalten und zu stabilisieren.

Mythos und Menschenbild

Folgen wir Platons mythischer Erzählung vom ursprünglich „runden", holistischen Menschen, der geteilt wurde, und seither vergeblich seine passende zweite Hälfte sucht, können wir auch darin eine Variante der Differenz bzw. Polarisierung erkennen. Der Mensch als Individuum sehnt sich insgeheim danach, Teil eines diffusen, schwer greifbaren, transzendenten Ganzen zu sein. Seit der Moderne glaubt man diese „Ganzheit" im Selbst des Menschen und dessen vollständiger Entfaltung erlangen zu können – gerade heute ist „Selbstverwirlichung" ein weit verbreitetes Schlagwort, viele Menschen in der heutigen Welt sind auf der Suche nach ihrer Individualität, ihrem „Selbst", versuchen „sich selbst zu finden". Dabei entsteht wieder eine „Spannung", ein Differenzierungsprozess: einerseits ist der moderne Mensch angehalten, sich zu vergesellschaften, sich seiner sozialen Umgebung anzupassen und sich in diese einzufügen – andererseits sieht er sich von eben dieser Gesellschaft, seiner jeweiligen sozialen Umgebung, angehalten, eine individuelle Persönlichkeit zu sein, sein „Selbst" zu zeigen und zu kultivieren. Dabei sind ihm aber in Wirklichkeit strenge Grenzen gesetzt, die er nicht überschreiten darf, wenn er in seiner Gesellschaftsschicht / sozialen Umgebung akzeptiert sein will – die Überschreitung dieser Grenzen wird streng geahndet, mit Abdrängen an den Rand der Gesellschaft oder sogar mit völliger Ausgrenzung. Sowohl Leitkulturen als auch Subkulturen entwickeln sich wohl aus diesem Prozess. Wobei zu beachten bleibt, dass auch die so genannten Subkulturen keineswegs grenzenlos sind, sondern auch hier (genau so strenge) Regeln eingehalten werden müssen, um „dazu zu gehören" – auch hier wird jeder Verstoß geahndet, auch wenn die Regeln nicht denen der Leitkultur entsprechen.

Definiert sich das Selbst in der christlich-abendländischen Mystik zurückgehend auf Plotin und Augustinus noch als fragmentarische Existieren im Fernsein von Gott ändert sich diese Anschauung mit der empiristischen Sichtweise profund: John Locke beschreibt in Kapitel XXVII – „Of Identity And Diversity" – seines „Essay Concerning Human Understandig" die Identität, nicht nur des Menschen sondern aller Lebewesen, als generische Zugehörigkeit zu einer spezifischen Art. Die individuelle Identität eines jeden einzelnen innerhalb der Art bringt er in Zusammenhang mir Raum und Zeit – das aktuelle Sein an einem bestimmten Ort zu einem bestimmten Zeitpunkt macht das jeweilige Individuum unverwechselbar. Was nach John Locke dem Menschen darüber hinaus noch zukommt, ist Bewusstsein. Persönliche Identität leitet er aus der Fähigkeit des Menschen ab, sich seiner selbst bewusst zu sein. Dieses „Selbstbewusstsein" ist dem Menschen nicht vorgegeben, sondern er resultiert aus Wahrnehmung und Reflexion – jeder Mensch besitzt eine eigene Vergangenheit, einen ganz persönlichen Werdegang, seine individuelle Entstehungsgeschichte.[153]

Dieses Bild von der Individualität beinhaltet in Bezug auf den Mythos zwei Möglichkeiten: Beeinflussung der Menschwerdung durch den Mythos und Werdung des Selbst zum Mythos. Der Mensch wächst mit Mythen, Märchen und mythischen Erzählungen auf und er hat die Fähigkeit sich selbst, in seinem „Selbstbewusstsein" zu mythifizieren. Dieser Drang des Menschen den Mythos vom eigenen Selbst zu erschaffen treibt heute überraschende und ungeahnte Blüten: im Internet kann sich praktisch jeder eine beliebige „Cyberidentität" zulegen und findet in diversen Social Networks, Blogger Communities, etc. dafür eine Plattform. Jedes gewünschte „Selbst" kann dort ganz nach eigenem Gusto geschaffen und mittels eines so genannten „Avatars" (eines Bildes, das die gewählte Cyberidentität repräsentiert und keineswegs mit dem realen Aussehen des jeweiligen Protagonisten übereinstimmen muss) kann ihm sogar ein spezifisches, unverwechselbares Aussehen gegeben werden. Mythos und Selbstbild scheinen im Menschen tatsächlich untrennbar verbunden zu sein, wenn nicht sogar zwei Seiten derselben Medaille. Im gleichen Maße, wie der Mensch Mythen aufgreift und verwendet / erweitert / re-interpretiert er diese auch bzw. manchmal erschafft er sogar neue.

Eine weitere dieser überraschenden Entwicklungen in Hinblick auf die Selbstmythifikation (und vielleicht auch Selbstmystifikation) mögen die „Casting Shows" und „Reality Shows" sein, die seit dem Ende der 1990er Jahre die TV-Landschaft auf der ganzen Welt überfluten. Popstars, Models, Modedesigner werden live im TV „gecastet" und einem staunenden Publikum präsentiert, und ganze Familien verdanken ihren Bekanntheitsgrad einem TV-Team, das ihnen auf Schritt und Tritt folgt, und ihr Leben jede Woche in einzelnen Episoden dem Publikum präsentiert. Das weltweit bekannteste Beispiel dafür ist wohl Kim Kardashian und ihre Familie, für Österreich dürfte Richard Lugner mit seiner Familie das repräsentativste Beispiel sein. Die Idee des Pop-Art-

---

153 vergl. FIETZ, Lothar (1994): Fragmentarisches Existieren. Wandlungen des Mythos von der verlorenen Ganzheit in der Geschichte philosophische, theologischer und literarischer Menschenbilder. Tübingen: Max Niemeyer Verlag – S.18-62

Künstlers Andy Warhol, dass jeder Mensch für 15 Minuten berühmt sein kann, scheint sich dadurch für eine breite Masse verwirklicht zu haben.

Sprache, Menschenbild und Grenzziehungen

Genau von diesem Mechanismus und der Wechselwirkung zwischen Sprache, Mythos und Grenzen machen auch die Chicanas, die mexikanisch-stämmigen Frauen in den USA, gebrauch, wenn sie versuchen sich selbst und ihre gleichzeitige Existenz in zwei Lebenswelten darzustellen und zu reformieren und bis zu einem gewissen Grad neu zu erfinden. Sie Bedienen sich des Mythos und der Sprache(n)[154] um die Grenzen ihrer eigenen Lebenswelten zu sprengen und neu zu definieren.

Diese Grenzen müssen sie dazu nicht nur erst als solche (an)erkennen, sondern auch deren soziale Realität genauer untersuchen und für sich definieren. Was für Grenzen sind das, und wie entstehen sie? Sind es hauptsächlich „gefühlte" soziale oder psychische Beschränkungen – etwa das Gefühl etwas nicht zu „dürfen" oder der Eindruck irgendwo nicht Willkommen zu sein - oder haben die Chicanas es vielleicht in manchen Zusammenhängen mit echten Mauern, also auch mit physischen Grenzen zu tun? Besteht diese eventuell vorhandene physische Grenze etwa sogar in der Mauer bzw. den verschlossenen Türen des eigenen Heimes, von der eigenen Familie errichtet, oder sind es „fremde" Mauern, die von außen stehenden Personen errichtet werden, um sie z. B. von gewissen Bildungsmöglichkeiten oder Berufsebenen auszuschließen?

Sprachlich definierte Grenzziehungen – noch einmal zurück zu Bourdieu

Die Entstehung der durch die Sprache definierten Grenzziehungen haben wir oben anhand der Ausführungen über Pierre Bourdieus Werk „Was heißt sprechen? Zur Ökonomie des sprachlichen Tausches" bereits näher betrachtet. Die

---

154 die meisten sind bilingual aufgewachsen und machen auch von beiden Sprachen, von der Spanischen genauso wie von der Englischen, gebrauch. Durch die Kenntnis zweier Sprachen ist es ihnen auch ein Leichtes, sich an zwei unterschiedliche „Lebenswelten" zu wenden, denen sie doch beide angehören.

durch die Sprache gezogenen Grenzen sind sozialer Natur, durch den Sprachgebrauch lässt sich erkennen, wie nahe wir der aktuell als herrschend geltenden Menschengruppe sind und wie gut wir in das von dieser Gruppe favorisierte Bildungs- und Wirtschaftsmodell eingegliedert sind. Bourdieu betont in diesem Zusammenhang stark, dass diese Grenzen letztgültig willkürlich gezogene Grenzen sind, und dass diese Grenzziehungen einer ständigen Änderung und Anpassung an die aktuellen Gegebenheiten unterworfen sind – symbolische Machtverhältnisse innerhalb des Netzwerkes von Menschengruppen werden laufend ausgetauscht, weitergegeben, reproduziert und aktualisiert. Jeder Mensch innerhalb einer (politischen, sozialen, wirtschaftlichen, etc.) Gemeinschaft / Gesellschaft entwickelt von frühester Kindheit an die Fähigkeit auch die subtilsten Nuancen der „legitimen" Sprache sowie der Gestik und Mimik seines jeweiligen Gegenübers zu erkennen und zu deuten.

Wenn wir uns nunmehr diese – verbalen und durch Gestik und Mimik auch die nonverbalen – sprachlichen Grenzen und ihre „Kennungen" bewusst machen können, müsste es uns theoretisch auch möglich sein, denselben Mechanismus, wie die legitime Sprache nach Pierre Bourdieu ihn benutzt, uns selbst und unserer Sache zunutze zu machen. Dann muss es genau durch die Verwendung des Instruments der Sprache in einer gewissen Art und Weise innerhalb einer Gruppe von Menschen (die idealer Weise stetig wächst und zunehmende Akzeptanz durch die Außenwelt erfährt) und die dadurch entstehende „Legitimation" dieser Sprache möglich sein, die sozialen Grenzen, die durch Sprache entstehen, zu verschieben oder gar aufzuheben. Durch diesen Mechanismus könnte die Subkultur zur Leitkultur werden. Wir dürfen hier nicht vergessen: Spanisch ist gerade dabei, sich in den Vereinigten Staaten von Amerika als *zweite legitime Sprache neben dem Englischen* durchzusetzen. Was für eine bemerkenswerte Entwicklung hat hier stattgefunden![155] Und wenn zusätzlich noch zu bedenken ist, dass Sprache (und damit auch die „Legitime Sprache" nach Pierre Bourdieu, also auch die Sprache der Mächtigen!) sowohl in mündlicher als auch in schriftli-

---

155 In Österreich hat nach dem Ende der Habsburger Monarchie eine Entwicklung in die entgegen gesetzte Richtung stattgefunden: galt es in der Monarchie als durchaus nicht ungewöhnlich, dass ein Wiener, unabhängig von seiner Herkunft, z.B. des Tschechischen oder des Ungarischen mächtig war, hat sich nach dem Ende der Monarchie Deutsch als die einzige Amtssprache durchgesetzt. Der Kommunismus, der Kalte Krieg und die Errichtung des „Eisernen Vorhang" haben das übrige dazu beigetragen. Heute könnte die Entwicklung wieder in eine andere Richtung gehen – der Zuzug von Gastarbeitern aus dem Süden nach Mitteleuropa hat den Weg für die türkische und die serbokroatische Sprache geöffnet, der Fall des Eisernen Vorhangs und der kommunistischen Regierungen in Osteuropa machen die slawischen Sprachen wieder salonfähig und interessant für den Wirtschaftsraum Mitteleuropa.

cher Form das Transportmittel des Mythos ist, eröffnen sich alle Möglichkeiten, durch das Zusammenspiel von Sprache und Mythos Grenzen aufzuzeigen, Grenzen zu fixieren, aber auch, und das ist hier der springende Punkt, Grenzen zu verschieben.

Grenzen durch den Mythos – mythische Richtlinien

Der Mythos definiert menschliche Richtlinien und Grenzen, genauso wie die Sprache, die ihn transportiert. Viele Mythen geben Verhaltensregeln wieder, und erzählen sehr eindrucksvoll davon was geschehen kann, wenn Menschen diese Regeln brechen. Dabei ist die Grenze zu anderen Erzählformen, z. B. den Märchen, fließend, die auch oft von Regelbrüchen und deren Konsequenzen erzählen.[156]

Wir mögen die Märchen und mythischen Erzählungen, die wir als Kinder gehört haben, und die das gewünschte Verhalten innerhalb der Gesellschaft, in der wir uns nun auch als Erwachsene bewegen, schon lange aus unserem Bewusstsein verbannt haben – die darin geforderten Verhaltensweisen für unsere positive Existenz innerhalb der Gesellschaft haben wir dennoch gespeichert und sie sind jederzeit abrufbereit und benutzbar. Wo diese Verhaltenskodizes ursprünglich ihre Wurzeln haben ist dem Einzelnen vielleicht gar nicht bewusst. Die Vermittlung in der Kindheit durch Märchen, Mythen und Sagen wird hier vielleicht unterschätzt.

Die Themen dieser mythisch indizierten Verhaltenskodizes sind weitreichend: Paarbeziehung, nachbarschaftliches Zusammenleben, ehrenhaftes Verhalten in Handelsbeziehungen, Missgunst und Neid, Habsucht, Eitelkeit, Religiosität und Gottesbeziehung, etc. Für jedwedes menschliche Problem scheint es eine passende Erzählung zu geben, in der das jeweils gesellschaftlich als richtig gewünschte und das jeweilige Fehlverhalte inklusive der zu erwartenden Konsequenzen beispielhaft dargestellt wird. Diese Geschichten erfüllen nun eine durchaus wichtige Funktion – sie sind schon für kleine Kinder verständlich und helfen dabei, die Umwelt verstehen und erkennen zu lernen. Schon in der Kindheit lernen wir zu verstehen, dass unser Handeln Konsequenzen nach sich zieht und dass wir für diese verantwortlich sind. Wir lernen das akzeptierte Verhalten

---

156 Die Einschränkung des Begriffs „Mythos" auf eine bestimmte Erzählart oder bestimmte Inhalte oder Stoffe ist ohnehin schwierig – so beinhalten Märchen durchaus mythische Elemente bzw. Mythen märchenhafte. Auch in Mythen kommen z.B. Riesen oder Drachen vor, wie in vielen Märchen.

innerhalb unserer Ursprungsgesellschaft kennen und lernen die Anwendung aller möglichen Umgangsformen in der Beziehung zu einem Gegenüber. Nicht zuletzt dadurch können wir im Erwachsenenalter schon die geringsten Sprach- und Verhaltensnuancen unserer Mitmenschen „lesen" und adäquat reagieren. Natürlich kommt es dabei auch zu Fehl- oder Überinterpretationen, eine genaue Ausführung darüber würde aber den Rahmen dieser Arbeit bei weitem sprengen und ist hier auch nicht notwendig.

Was uns üblicherweise und vor allem im Alltag nicht bewusst ist, ist die Tatsache, dass es sich dabei unter anderem auch um mythisch / märchenhaft indizierte Richtlinien handelt. Wir können uns bewusst vielleicht gar nicht an diese Erzählungen erinnern, halten uns aber trotzdem an die (frühkindlich) vermittelten Verhaltenskodizes. Dabei ist die Priorisierung der Wichtigkeit dieser einzelnen Verhaltensmuster sicher von Familie zu Familie, von Land zu Land, von Kontinent zu Kontinent eine andere. Insofern ist es nicht verwunderlich, wenn die katholisch-mexikanische Kultur mit ihrer Art der Priorisierung in den weitgehend protestantisch geprägten Vereinigten Staaten vielerorts auf Unverständnis stößt.

Genauso wie bei den sprachlichen Grenzziehungen hängt die Möglichkeit zur Veränderung oder Aufhebung nun auch bei den mythisch / märchenhaft indizierten Grenzen davon ab, in welchem Maße wir sie uns bewusst machen können. Nur wenn der Zusammenhang offen vorliegt und von allen Seiten betrachtet werden kann, ist eine Verhaltensänderung überhaupt möglich. Viel mehr noch: das bewusste Gestalten eines anderen, aktuelleren Verhaltens ist dann möglich, und weitergegeben kann es durch eine entsprechend adaptierte mythische Erzählung werden (also wieder nur durch die dem Menschen eigene Sprache, ob in mündlicher oder schriftlicher Form sollte hier egal sein).

Weiters rückt hier auch noch eine andere Perspektive des Mythos ins Blickfeld. Es schein nicht nur die (heute favorisierte) logizistische Wissensvermittlung zu geben, vielmehr gibt es darüber hinaus eine Art von mythologischer / sagenhafter / märchenhafter Wissensvermittlung. Diese mythologische Wissensvermittlung scheint darüber hinaus noch viel allgemeiner verständlich und eingängiger zu sein, als die heute bevorzugte logizistische Form.[157] Wenn wir nun in diesem Zusammenhang weiters der Auffassung Carl Friedrich von Weizsäckers folgen, dass der Mythos nicht nur eine legendäre Erzählung über Götter- und Heldenwesen, sonder darüber hinaus auch die ursprünglichste Form des

---

157 Hier bitte ich zu beachten, dass die aktuelle Form der mathematisch-logischen Wissensvermittlung für moderne Forschung und Technologie die einzig mögliche ist. Bei der Vermittlung von exakte Berechnungen und dem Festhalten von Formeln und Konstanten in der Naturwissenschaft stößt der Mythos natürlich an seine Grenzen.

Festhaltens von Wissen ist[158], so kann man daraus ableiten, dass der Mythos auch im 21. Jahrhundert nach wie vor eine gängige Möglichkeit zur Wissensvermittlung ist – nicht nur für Kinder sondern auch für Erwachsene. Ein anschauliches Beispiel, das Charaktere / Stereotypen verwendet, die als bekannt vorausgesetzt werden dürfen, kann zur Erklärung von Sachverhalten (und auch zur Verschleierung derselben!) viel Beitragen und das Verständnis fördern oder gar erst herstellen. Ein solches Beispiel wird intuitiv verstanden, auch wenn es sich dabei vermutlich um einen Analogieschluss handelt, der in der aufgeklärten westlichen Welt eigentlich als nicht zulässig gilt. Ob zulässig oder nicht, die mythologische Wissensvermittlung scheint den Menschen tief zu berühren. Vielleicht greifen auch deshalb, ob bewusst oder unbewusst, auch die Chicana-Künstlerinnen – und vielleicht jede Art von darstellender Kunst – darauf zurück. Hier bleibt jedoch zu beachten, dass die aktuelle Form der mathematisch-logischen Wissensvermittlung für moderne Forschung und Technologie die einzig mögliche ist. Bei der Vermittlung von exakten Berechnungen und dem Festhalten von Formeln und Konstanten in der Naturwissenschaft stößt der Mythos an seine naturgegebenen Grenzen. Zur Veranschaulichung einer Fragestellung, eines Problems kann er jedoch nach wie vor gute Dienste leisten – Unterrichtende machen auch gerne nach wie vor davon Gebrauch.

---

158   vergl. WEIZSÄCKER, Carl Friedrich von (1998), S.21 und oben im vorliegenden Werk („Der Mythos am Puls der Zeit")

Das Beispiel der Chicana-Bewegung

Bei den Aktivitäten der Chicana-Bewegung in den Vereinigten Staaten von Amerika, anhand deren Beispiel ich in dieser Arbeit die Verquickung von Sprache, Grenzen und Mythos zeigen möchte, kommen nun alle diese Komponenten zum Tragen. Wie bereits oben erwähnt, ist die Chicana-Bewegung, der Zusammenschluss der mexikanischen Frauen, aus der mexikanischen Arbeiterbewegung in den 1960er und 70er Jahren in den USA hervorgegangen, den so genannten „Chicanos". Die mexikanischen und mexikanisch-stämmigen Frauen sahen ihre Belange innerhalb der männlichen Arbeiterbewegung nicht ausreichend vertreten und formierten sich schließlich zu einer eigenen Vereinigung um auch auf die speziellen Probleme der mexikanischen und mexikanisch-stämmigen Frauen hinzuweisen und dagegen anzugehen.

Die frühen Protagonistinnen dieses Zusammenschlusses von Frauen waren wohl hauptsächlich kalifornische Erntearbeiterinnen und deren Kinder, die sich, gemeinsam mit ihren männlichen Kollegen, für die Belange der ArbeiterInnen stark machten und sich an der Gründung einer Farmarbeiter-Gewerkschaft beteiligten.[159] Bald schlossen sich der Chicana-Bewegung auch Künstlerinnen aller Genres an. Auch sie zeigten sich besorgt über die Situation und die Möglichkeiten der mexikanischen / mexikanisch-stämmigen Frau in den Vereinigten Staaten von Amerika und wollten ebenfalls ihren Beitrag zum Aufzeigen und zur Verbesserung dieser Situation leisten. Zumal Ihnen die Fragen und Probleme aufgrund ihrer eigenen Situation ja aus erster Hand bekannt waren. Diese Frauen, die im Gegensatz zu den Frauen aus den ärmeren Schichten oft auch schon eine College-Ausbildung genossen hatten, galten in den 1970er und 1980er Jahren als Stütze und Rückgrat der Bewegung, brachten sie aber gleichzeitig auch – möglicherweise sogar mehr oder weniger unabsichtlich – in Misskredit, da sich viele der Protagonistinnen als homosexuell outeten (so z. B. die Schriftstellerin Gloria Anzaldúa) – innerhalb der mexikanischen Community ein Ding der Unmöglichkeit und ein Tabubruch. Heute bezeichnen sich mexikanisch-stämmige Frauen und Mädchen aller Schichten als „Chicanas", der Begriff ist in den Alltag eingedrungen und damit anscheinend auch ein Teil der legitimen Sprache

---

159 Hier ist Dolores Clara Fernandez Huerta zu erwähnen. Sie ist Mitbegründerin der National Farmworkers Association (später United Farm Workers (UFW)) und eine Aktivistin für Frauenrechte. Sie hat bis heute zahlreiche Auszeichnungen erhalten und eine eigene Stiftung, die Dolores Huerta Foundation, gegründet. (Details sind für Interessierte im Internet unter www.doloreshuerta.org zu finden)

geworden. Universitäten im Süden und Südwesten der Vereinigten Staaten unterhalten eigene Institute für Chicana Studies (so z. B. die UCLA, die University of California in Los Angeles), Chicana zu sein ist ganz offensichtlich „in".[160]

Wie war das in so kurzer Zeit möglich und was haben Sprache und Mythos damit zu tun? Was unterscheidet dabei die Mexikaner von den anderen Spanisch sprechenden Communities in den Vereinigten Staaten von Amerika? Diesen Fragen soll in der Folge auf den Grund gegangen werden.

Chicanos, Hispanics, Latinos – alles das selbe?

Eine der vornehmlichen Fragen in Bezug auf den spanischsprachigen Bevölkerungsanteil in den vereinigten Staaten von Amerika ist die der Etikettierung: Bezeichnungen gibt es hier viele – Hispanics, Latinos, Chicanos, Cubanos, Tejanos, etc. – doch hinter welcher Etikettierung verbirgt sich was? Was ist daraus im sozialen Kontext abzulesen, und würden sich die einzelnen Bevölkerungsgruppen selbst so bezeichnen – bzw. welche Bezeichnung würden sie selbst als angemessen empfinden? Oder sind am Ende doch alle „nur" US-Amerikaner, die, wie viele andere auch, von Einwanderern abstammen?

Unter dem Begriff „Chicanos/as" darf man sich keinesfalls eine einheitliche Gruppe von Individuen mit dem selben familiären Hintergrund mit den selben zugrunde liegenden Ausgangssituationen und den selben Lebenszielen vorstellen. Die Bezeichnung Chicano/a umfasst vielmehr ein komplexes soziales Konstrukt von Menschen, Familien und Gemeinschaften die letztendlich genau genommen nur zwei Dinge gemeinsam haben: die mexikanische Herkunft – die nicht mit „Einwanderung" gleichgesetzt werden darf; ein großer Teil des heutigen Südens und Südwestens der USA gehörte bis in die Mitte des 19. Jahrhunderts zu Mexiko – und den dauerhaften Wohnsitz in den Vereinigten Staaten von Amerika. Innerhalb der Chicano/a-Bewegung koexistieren verschiedene Gruppen, die verschiedensten Ideologien und politischen Positionen anhängen. Dabei bleibt jedoch zu beachten, das der Begriff an und für sich, zumindest bis zum aufkommen des Chicano Movements in den 1960er Jahren, schon einen Pejorativ beinhaltet hat: die Selbstzuordnung zu einer unteren (Arbeiter)Schicht, die fern der ländlichen (oder auch mexikanischen) Heimat in einer städtischen nordamerikanischen Kultur leben muss. Üblicherweise handelte es sich auch nicht

---

160 Die berühmteste für Chicana-Studies eingeschriebene Studentin an der UCLA soll die Hollywood-Schauspielerin Eva Mendes sein, die interessanterweise allerdings in Miami geboren wurde und kubanischer Abstammung ist.

etwa um Facharbeiter, sondern um Tagelöhner, Erntearbeiter, tage- bzw. stundenweise beschäftigte Hausangestellte und Gärtner, etc.[161] Bereits hier kann wieder auf Pierre Bourdieu rekurriert werden: diese fernab des ursprünglichen Herkunftsortes lebenden Menschen verstehen fürs erste weder die Sprache noch das soziale „Zeichensystem" und die gesellschaftlichen Nuancen ihrer neuen Heimat – somit sind sie vorerst auch mehr oder weniger dazu verdammt am Rand der Gesellschaft zu leben und ihre eigenen Communities zu bilden, da ihnen die Teilhabe an der „weißen", US-amerikanischen Gesellschaft erst einmal verwehrt bleiben muss. Letztgültig bleibt aber festzuhalten, dass der Terminus „Chicano/a" kein feststehender Begriff ist, der sich durch alle Gesellschaftsschichten und alle Generationen gleich versteht und definiert. So kann „Chicano/a" vom mexikanischen Landarbeiter bis zur radikal ausgerichteten mexikanisch-stämmigen Studentin, deren Familie in der vierten Generation in den Vereinigten Staaten von Amerika lebt, so gut wie jede Spielart des Mexikanertums umfassen.

Die Bezeichnung „Hispanic" dagegen wurde im Großen und Ganzen mit der Kolonisation von New Mexico durch die USA gebräuchlich. Die Angehörigen der ortsansässige Upper-Class bezeichneten sich zunehmend als „Hispanics", um sich von den in New Mexico schon immer ansässigen mexikanischen Bauern und Landarbeitern deutlich abzugrenzen. Mit dieser Bezeichnung kam der Hinweis auf eine direkte Abstammung von den spanischen Conquistadores (und auf keinen Fall von den aztekischen Indianern!) in den Vordergrund, der den Prozess der sozialen Differenzierung und Marginalisierung innerhalb der mexikanischen Gemeinde mit in Gang setzte. Man wollte dem *Spanischen* Kulturkreis angehören, keinesfalls dem Mestizischen oder gar dem Indianischen. Gleichzeitig behielten die Amerikaner die Bezeichnung „Mexicans" für die Bewohner des Staates New Mexico bei – für Konfliktpotential sowohl zwischen Amerikanern und Mexikanern als auch innerhalb der mexikanischen Gemeinden war also gesorgt.[162]

Als „Latinos" hingegen werden alle Amerikaner bezeichnet, deren Sprache lateinische Wurzeln aufweist. Diese Bezeichnung umfasst somit alle Mittel- und Südamerikaner, deren Muttersprache Spanisch oder Portugiesisch ist. Ein originelles Detail am Rande: durch diese Art der Zuordnung anhand der Muttersprache sind auch die um Quebec beheimateten Frankokanadier der großen Gruppe der Latinos zuzuordnen.

---

161 vergl. RAMÍREZ MORALES, Axel (2008):Nuestra América: chicanos y latinos en Estados Unidos (Una reinterpretación sociohistórica). Ciudad Universitaria, México D.F.: Universidad Nacional Autónoma de México, S.221f

162 vergl. RAMÍREZ-MORALES, S.225ff

Zusammenfassend ist zu sagen, dass all diese Gruppen in sich große Unterschiede aufweisen, und dass es praktisch unmöglich ist, einzelne Personengruppen anhand dieser Bezeichnungen zu kategorisieren oder gar allumfassend verstehen zu können. Die Identität und das Verständnis der jeweiligen Gruppe muss immer in Zusammenhang mit dem jeweiligen sozialen Umfeld sowohl innerhalb der eigenen Ethnie als auch gegenüber den ortsansässigen Angloamerikanern und den benachbart lebenden anderen Minderheiten betrachtet werden.

Eine einheitliche begriffliche Erfassung ist auch nicht das Ziel dieser Arbeit – dieser Abschnitt ist lediglich als Hinweis darauf zu betrachten, dass eine Vielzahl entsprechender Begrifflichkeiten und Bezeichnungen zur Kategorisierung der Minderheiten gibt, diese aber möglicherweise letztgültig mehr Verwirrung stiften als Aufklärung schaffen können, da sie auch in der Wissenschaft bei weitem nicht einheitlich verwendet werden. Carmen Tafolla, Chicana-Schriftstellerin aus Texas, stellt dazu fest:

„We are more than simply half-Mexican and half-American. We are a unique synthesis of these, a transformation of these, and a new, dynamic culture."[163]

Auch Karin Ikas hält fest, dass „Hispanizität" aufgrund einer rein linguistischen Zuordnung der Sache keinesfalls gerecht wird. In die USA eingewanderte Kubaner, Puerto Ricaner, Argentinier und eben auch Mexikaner (die eben nicht nur eingewandert sind; die ersten in den USA ansässigen Mexikaner kamen durch die Angliederung New Mexicos inklusive dessen Bewohner im 19. Jahrhundert in die Vereinigten Staaten) haben üblicherweise außer der spanischen Muttersprache nichts Gemeinsames.[164]

Ich möchte aus diesem Grund hier auch keine feststehende Begriffsdefinition und einen fixen Modus der Zuordnung propagieren, dem offensichtlich nicht einmal die Betroffenen selbst folgen können.

---

163 TAFOLLA, Carmen (1985): To Split a Human. Mitos, Machos y la Mujer Chicana. Mexican American Culture Center, San Antonio

164 IKAS Karin (2004): So Far From God – So Close to the USA: Literatur und Kultur der Chicanas/os aus interkultureller Perspektive. In: BERNECKER, Walter L., BRAIG Marianne, HÖLZ Karl, ZIMMERMANN, Klaus [Hrsg.] (2004): Mexiko heute: Politik Wirtschaft Kultur. Frankfurt a. M., Vervuert Verlag, S.787-802; S. 790

Die Kunst, in Sprache und Bildern zu erzählen und dabei den Mythos zu verändern

Der französische Philosoph und Literaturwissenschaftler Roland Barthes trifft schon in seinem Werk „Mythen des Alltags" [165], das heute zur Standardliteratur zum Thema Mythos und Mythenforschung zählt, die einfache Aussage: „Der Mythos ist eine Rede."[166] Er bezieht sich damit darauf, dass der Mythos ein Kommunikationssystem ist, eine variantenreiche sprachliche Möglichkeit, ein System von Botschaften zu übermitteln – Barthes betrachtet den Mythos als eine Art und Weise des Bedeutens, in einer sehr allgemein verständliche Form.

Daraus ergibt sich für Barthes dass praktisch *alles* was uns widerfährt und/oder umgibt zum Mythos werden kann, praktisch alles, was diskutierbar ist bzw. in einen Diskurs, auch im weitesten Sinn, eingehen kann:

> „Da der Mythos eine Rede ist, kann alles Mythos werden, was in einen Diskurs eingeht. Der Mythos bestimmt sich nicht durch den Gegenstand seiner Botschaft, sondern durch die Art wie er sie äußert: Es gibt formale Grenzen des Mythos, keine substantiellen. Also kann alles Mythos werden? Ich glaube ja, denn das Universum ist unendlich suggestiv. Jeder Gegenstand der Welt kann von einer verschlossenen, stummen Existenz in einen gesprochenen Zustand übergehen, der der Aneignung durch die Gesellschaft zugänglich ist ..."[167]

Hier will ich in unserem Zusammenhang speziell die Worte „unendlich suggestiv" herausgreifen: der Mythos, vor allem der Mythos des Alltags, ist eine suggestive Form der Mitteilung. Die durch ihn übermittelte Denkweise oder Sichtweise wird nicht direkt angesprochen, sondern anhand eines erzählten, evtl. märchen- oder gleichnishaften Beispiels dargestellt. Daraus ergibt sich auch die breite Varianz die bei der Erzählung ein und derselben mythischen Geschichte

---

165 BARTHES, Roland (2010): Mythen des Alltags. Berlin: Suhrkamp Taschenbuch Verlag (Die Originalausgabe erschien 1957 unter dem Titel „Mythologies" in Paris bei Éditions du Seuil) – es bleibt in Zusammenhang mit diesem Werk festzuhalten, dass sich Roland Barthes bei seiner semiologischen Untersuchung des Mythos auf Ferdinand de Saussure und die Unterscheidung zwischen Langue und Parole bezieht. Barthes bleibt sich jedoch der Grenzen der Saussurschen Semiologie als Wissenschaft bewusst und weißt darauf auch bei der näheren Untersuchung des Mythos im zweiten Teil des Buches hin (s.253ff).

166 vergl. BARTHES (2010), S.251

167 vergl. BARTHES (2010), S.251

auftreten kann, und daraus ergibt sich auch die Möglichkeit, dass schon kleine Abweichungen von der ursprünglichen Geschichte, z. B. das hinzufügen oder weglassen (vergessen?) winziger Details den Sinn und damit die (suggestive) Botschaft des Beispiels verändern können.

Der Mythos, wie Roland Barthes in versteht, erschöpft sich aber bei weitem nicht in der Rede; auch Schrift oder andere Zeichensysteme, bildliche Darstellungen wie Gemälde oder Fotografie, oder auch einfach die performative Darstellung eines Schauspiels, einer Reportage, ja sogar der Schauspieler / Musiker / Darsteller selbst kann Träger des Mythos bzw. der mythischen Form der Mitteilung sein:

„Die mythische Rede wird aus einer Materie geformt, die im Hinblick auf eine entsprechende Botschaft *schon* bearbeitet ist." (Kursivdruck aus dem Original übernommen; SP)[168]

Mit allem bis jetzt gesagten ist aber auch gleichzeitig klar: ein Mythos kann nicht ewig in seiner Urfassung bestehen bleiben und weitergegeben werden, und je länger er besteht und überliefert / weitergegeben wird, desto mehr divergiert die aktuell verbreitete Version von der ursprünglichen, den Mythos begründenden Version. Diskurs und Rede sind in ständigem Fluss, die „Sprache der Mächtigen" ändert sich im Lauf der Geschichte immer wieder, und so passt sich auch der Mythos den aktuellen Gegebenheiten an und es stehen, je nach den Gegebenheiten und Vorlieben der Gesellschaft, die den jeweiligen Mythos aktuell verwendet, andere Aspekte im Vordergrund. Aber aus dieser Beweglichkeit des Diskurses und den Veränderungen im Verlauf der Geschichte heraus ist es auch evident, dass Mythen sich ändern können und müssen und, daraus folgend, auch durch aktive Veränderung des Mythos aktiv in die Gesellschaftlichen Gegebenheiten, Vorlieben und als allgemeingültig geltenden Ansichten eingegriffen werden kann.

Gleichzeitig muss uns bewusst bleiben: selbst wenn praktisch alles, was in einen Diskurs eingehen kann, zum Mythos werden kann, bedeutet das nicht, dass alle Mythen unwiderruflich und für immer bestehen bleiben. Manche sind kurzlebig und verschwinden wieder, sie eignen sich vermutlich nicht immer für die aktive Veränderung einer aktuellen Gesellschaft. Aber auch in diesem Fall wird es vermutlich Ausnahmen geben, Situationen, in denen es Sinn macht, einen längst vergangenen Mythos „wieder zu beleben" und für gegenwärtige Anliegen zu benutzen.

---

168 vergl. BARTHES (2010), S.253

Für die Kunst der mythischen Rede / des mythischen Diskurses in der Chicana-Bewegung sind vor allem Literatur und Film von Bedeutung, es gibt aber natürlich auch bildnerische Werke (z.b. moderne Darstellungen der Virgen de Guadalupe oder diverse Murals[169] in den Vereinigten Staaten von Amerika und in Mexiko). Die Protagonistinnen versuchten und versuchen, sich und ihren Anliegen mittels bildhafter Sprache und Erzählungen in Bildern Gehör zu verschaffen. Sie bedienen sich dabei der farbenfrohen traditionellen mexikanischen Mythen, Märchen und Erzählungen und übertragen diese in einen modernen Kontext, um sich selbst und ihr Leben einerseits darzustellen und andererseits zu transformieren. Wenn der Mythos in den modernen Kontext versetzt wird, kann er sich anpassen und verändern. Abgesehen davon kann er sowohl in der aktuell gültigen „legitimen Sprache" nach Pierre Bourdieu erzählt / geschrieben werden, als auch diese legitime Sprache beeinflussen und verändern. Dabei darf nie außer Acht gelassen werden, dass die Wechselwirkung von Mythos und Sprache immer auch Einfluss auf die Gegenwart und ihre Lebensrealität hat und im Stande ist, durch die Transformation des Mythos das aktuelle Dasein und seine Erscheinungsformen in der Gegenwart zu verändern und in neue Bahnen zu lenken – die Perspektive und die Denkweise einer einzelnen kleinen Gruppe und letztendlich sogar einer ganzen Gesellschaft kann sich mit dem Mythos und der Form seines Auftretens, seiner Erzählung, seines Diskurses verändern.

Die Bedeutung der Literatur für die Chicana-Bewegung

Sprache und Bilder sind allgegenwärtig. Sie erzählen von der Realität aus dem Blickwinkel des jeweiligen Erzählers, Darstellers, Betrachters. Dies gilt nicht zu letzt auch für die mexikanische bzw. mexikanisch-stämmige Minderheit in den Vereinigten Staaten von Amerika.

„Da die Literatur den Prozess der mexikoamerikanischen Identitätsfindung wesentlich mitgestaltet, kann sie trotz ihres fiktiven Charakters in gewisser Weise als sozialkritische Dokumentation der Chicana/o-Erfahrung gelten. In Ihr werden Probleme und Konflikte angesprochen, mit welchen sich die Mexikoamerikaner sowohl in der Begegnung und Interaktion mit der dominanten angelsächsischen Majorität und weite-

---

169 als „Murals" bezeichnet man Wandmalereien im öffentlichen Raum; die meisten „Muralistas" sind allerdings Männer, z.B. Diego Riviera – obwohl es inzwischen natürlich weibliche „Muralsitas" gibt.

ren Minoritäten als auch innerhalb der eigenen ethnischen Gruppe konfrontiert sehen."[170]

Karin Ikas streicht in ihrem Aufsatz besonders heraus, dass sich die mexikanischen bzw. mexikanisch-stämmigen Mädchen oder Frauen oft in einer mehrfachen Unterdrückungssituation befinden – als Frauen, als Farbige, als angehörige der Arbeiterklasse oder auch als Homosexuelle Frauen – und versuchen, diese oftmals konfliktträchtige Situation literarisch zu bearbeiten.[171] Weiters ist darauf hinzuweisen, dass sich die Chicana-Literatinnen einer sehr vielschichtigen Sprache zu bedienen wissen. Viele sind sowohl des Englischen als auch des Spanischen mächtig und können beide Sprachen in verschiedenen Ausprägungen, von der Hochspache bis hin zum Slang benutzen. Karin Ikas weist auf diesen „dynamic bilingualism" hin[172], Gloria Anzaldúa widmet diesem Umstand in ihrem Werk „Borderlands / La Frontera. The New Mestiza" ein ganzes Kapitel.[173] Greift man hier auf Pierre Bourdieu zurück stellt man fest, dass die Chicana-Literatinnen so in der Lage sind durch soziolinguistisches Code-Switching sowohl die „legitime Sprache" (in diesem Fall das amerikanische Standard-Englisch) als auch die Sprache der bereits anglisierten Mexikaner und auch die Sprachen diverser Subkulturen zu benutzen. Das versetzt sie in die Lage, sich in verschiedenen Bevölkerungsgruppen verständlich zu machen und möglicherweise auch zwischen diesen zu vermitteln. Eine nicht zu verachtende Möglichkeit für die interkulturelle Kommunikationssituation in den Teilen der USA, die einen hohen Anteil mexikanischer bzw. mexikanischstämmiger Bevölkerung aufweisen. Das erklärt vielleicht auch die Vorliebe für die Figur der Malinche / Malintzin Tenépal die viele der Chicana-Literatinnen an den Tag legen, und an deren Mythos sie unter anderem arbeiten. Nichts desto trotz bleibt Englisch auch bei den Chicana-Autorinnen die meistbenutzte Sprache, obwohl immer wieder spanische Texte verfasst werden (gerne auch parallel spanisch / englisch) und sogar indianische Wörter in die Texte integriert werden.[174]

Die Chicano/a-Literatur im Allgemeinen entwickelte sich vor dem Hintergrund des Chicano-Movements, der mexikanischen Arbeiterbewegung, in den 1960er und 1970er Jahren. Sie betrachtet sich einerseits als Art der Identitätsfindung, andererseits als Widerstand gegen die totale Assimilation in die Gesellschaft der USA und der mit ihr einhergehenden Selbstherabsetzung. Sie thematisiert von Anfang an nicht nur aktuelle politische und gesellschaftliche Fragen

---

170 vergl. IKAS (2004), S.787f
171 vergl. IKAS (2004), S.788
172 vergl. IKAS (2004), S.791
173 vergl. ANZALDÚA (2007), S.75ff – „How To Tame A Wild Tongue"
174 vergl. IKAS (2004), S.793

sondern auch die Herkunft und das präkolumbianische kulturelle Erbe ihrer Protagonisten und ihrer hauptsächlichen Zielgruppe, der mexikanischen und mexikanischstämmigen Bewohner der Vereinigten Staaten von Amerika.[175] Seit den späten 1970er Jahren ist eine steigende Anzahl von Autorinnen zu beobachten, die nachhaltig eine feministische Perspektive in die mexikoamerikanische Literatur hereinbrachten.

„Sie beschäftigen sich mit Themen wie Körperlichkeit, Liebe, Familie, Geburt und Tod und diskutieren die aus sozialer Klasse, Ethnizität, religiösen und patriarchalischen Strukturen erwachsenden Diskriminierungen der Frau. Sie zeigen die Chicana als politische Aktivistin und Außenseiterin der Gesellschaft aber auch als neue emanzipierte Frau mit alternativen Identitätsmodellen, welche kulturelle, geschlechtsspezifische und strukturelle Grenzen mehrfach aufzubrechen versteht ..."[176]

Wie bereits in der Einführung zu diesem Werk erwähnt, setzt sich die Chicano/a-Literatur vor allem auch mit den indigenen Wurzeln sowie mit den folkloristischen und religiösen Mythen Mexikos auseinander. Die Chicanas versuchen hier im Besonderen ihre weibliche Position, ihre Identität als mexikanische / mexikanischstämmige Frau zu verorten. Für dieses Unterfangen ziehen sie ebenfalls indigen-folkloristische und religiöse mythische Figuren heran. Da ich es selbst schöner nicht ausdrücken könnte will ich hier nochmals aus dem Aufsatz von Karin Ikas zitieren:

„Mit der indianischen Frau „La Malinche" und der als „Virgen de Guadalupe" bezeichneten braunen Gottesmutter Maria stehen zwei weibliche Archetypen im Mittelpunkt, in deren hybriden Identitätskonstruktionen zugleich die Komplexität des zeitgenössischen Mythosverständnisses zutage tritt. In ihren Gestalten begegnen sich die Mythen und Träume des modernen amerikanischen Alltagslebens sowie die traditionellen Mythen religiöser und folkloristischer Prägung der mexikanischen und indigenen Kulturen."[177]

In der modernen Chicana-Literatur wird nunmehr La Malinche, die in der klassischen mexikanischen Tradition in ihrer Eigenschaft als Übersetzerin und Geliebte des Eroberers Hernán Cortés gerne als käufliche Frau und Verräterin

---

175   vergl. IKAS (2004), S.793f
176   vergl. IKAS (2004), S.795
177   vergl. IKAS (2004), S.796

der Figur der guten Virgen de Guadalupe kontrapunktisch entgegengesetzt wird, rehabilitiert und als Mediatorin zwischen den Indigenen und den Spaniern sowie als Urmutter des mexikanischen Volkes dargestellt. Die dadurch in Gang gesetzte Befreiung von der männlich geprägten Mythenbildung, die sie als Verräterin und Prostituierte stigmatisiert hat, ermöglicht mehr oder weniger im gleichen Zug auch die Befreiung der mexikanischen / mexikanischstämmigen Frau, da die der Malinche zugeschriebenen Attribute auch den mexikoamerikanische Frauen zugeschrieben wurden (und vermutlich werden), die es wagten, sich auch dem engen Korsett der traditionellen (religiös / katholischen geprägten) Erziehung der Mädchen in Mexiko zu befreien. Als Beispiele dafür können „The Marina Poems"[178] der in Mexiko geborenen und inzwischen in Kalifornien lebenden Romanautorin Lucha Corpi oder das Gedicht „La Malinche"[179] der in Texas geborenen Autorin Carmen Tafolla genannt werden.[180] Speziell Tafolla will „La Malinche" von der Stigmatisierung als Prostituierte und Verräterin an ihrem Volk befreien und beschreibt sie als Gefährtin des Eroberers Cortés und vor allem auch als seine Dolmetscherin, die zielführende Verhandlungen zwischen den Europäern und den indigenen Bewohnern Mexikos überhaupt erst ermöglichen konnte und durch ihre Stellung in der Lage war, ihrem Volk sogar Vorteile zu verschaffen. Noch weiter als Carmen Tafolla geht Gloria Anzaldúa bei ihrer feministischen Reinterpration der Malinche. für sie existiert diese historische Persönlichkeit überhaupt nur als Indianerin[181] – sie wird von ihr immer mit ihren indianischen Namen, Malintzin Tenépal oder Malinali Tenepat angesprochen und sogar direkt mit der Virgen de Guadalupe in Verbindung gebracht, die Anzaldúa als mesoamerikanische Fruchtbarkeits- und Erdgöttin Coatlalopeuh identifiziert.[182]

Im Sinne des Mythos passiert hier meines Erachtens genau das, was Roland Barthes bei seiner Betrachtung des Mythos beschreibt: der Mythos erweist sich als sekundäres semiologisches System, dass sich der eigentlichen Sprache, ihres linguistischen Systems, bedient um sein eigenes System zu erschaffen. Der Mythos ist eine Metasprache, die sich der handelsüblichen Wörter und Grammatik bedient, um eine Bedeutung zu erschaffen, die über die ursprüngliche linguistisch-grammatische Bedeutung eines Begriffs oder einer Begebenheit hinaus-

178 CORPI, Lucha (1976): The Marina Poems. In: BANKIER, Joanna et al. [Hrsg.]: The Other Voice: Twentieth Century Women´s Poetry in Translation. WW Norton & Co, New York, S.154-156

179 TAFOLLA, Carmen (1977): La Malinche. In: TEJIDOS, 4, 4: 1f

180 vergl. IKAS (2004), S.797

181 vergl. ANZALDÚA (2007), S.44f – „The Wounding of the India-Mestiza"

182 vergl. IKAS (2004), S.797f

geht.[183] Dem Mythos kommt hier lt. Roland Barthes eine zweifache Funktion zu: er setzt ein Zeichen und er bedeutet gleichzeitig etwas Bestimmtes – „er bezeichnet und deutet an, er gibt zu verstehen und schreibt vor"[184]

Genau in diesem Sinne bedienen sich die Chicana-Autorinnen aller ihnen zur Verfügung stehenden Sprachen (Englisch, Spanisch, diverse Indianersprachen) und stellen so eine Beziehung zum „alten" und zum „erneuerten / adaptierten" Mythos her, der dabei auf einer Metaebene jedermann erkennbar und zugänglich werden soll. Genau an diesem Punkt treffen Sprache, Mythos und Grenzziehungen zusammen und es besteht die Möglichkeit, selbst gesetzte und fremde, von außen aufgezwungene, Grenzen durch den Einsatz von Sprache und Mythenbildung bzw. Mythenadaptierung zu überschreiten. Genau an diesem Punkt wird die Veränderung der Perspektive möglich und von hier aus kann sich eine veränderte Perspektive verbreiten und in einer Gesellschaft festsetzen. Ich weise jedoch darauf hin, dass ich hier bewusst von einer gegebenen Möglichkeit spreche – nachhaltige Veränderungen sind und bleiben für den Menschen eine der schwierigsten Übungen, und sie nehmen viel Zeit in Anspruch. Ich gehe hier von einem Zeitraum der über Generationen hinweg reicht aus.

Abschließend bleibt zur literarischen Bewegung der Mexikoamerikanerinnen zu sagen, dass die Chicana-Autorinnen die bis dahin männlich orientierten Chicano-Studies des Mainstream breiter aufgefächert und um weibliche Fragestellungen, interkulturelle Themen aber auch Tabuthemen (wie z.B. die generelle Diskussion der weiblichen Sexualtät und Einbeziehung der Homosexualität oder auch Themen, die die Gewalt in der Familie betreffen) erweitert haben. Speziell ist auch hier wieder Gloria Anzaldúa zu nennen, die nicht nur eine wichtige Figur der Chicana-Literatur ist, sondern auch als Mitbegründerin des sog. „Women-of-Color-Feminismus" in den Vereinigten Staaten von Amerika gilt. Die von ihr entwickelte „Mestiza Theory" verfolgt als Ansatz einen produktiven, grenzüberschreitenden Prozess der Konstruktion und Dekonstruktion, aus dem heraus die Position der multikulturellen Frau als Subjekt abgebildet und weiterentwickelt werden soll.[185]

---

183 vergl. BARTHES (2010), S.258ff
184 vergl. BARTHES (2010), S.261
185 vergl. IKAS (2004), S.798f

Chicanas und Chicanos im Film

Nicht nur die moderne amerikanische Literatur wird von der Chicana-Bewegung (und dem Women-of-Color-Feminismus) beeinflusst, sondern auch der amerikanische Film. Das Verhältnis der US-amerikanischen Filmindustrie mit ihren Studios und ihrem „Star-System" zu mexikanischen / mexikanisch-stämmigen Schauspielerinnen[186] scheint zu Beginn der Filmära verhältnismäßig entspannt gewesen zu sein, spätestens während des zweiten Weltkrieges und danach hat sich die Situation offensichtlich verschärft und generell für Latino-Darsteller verschlechtert. Während die mexikanischen Schauspielerinnen der Stummfilmära, z.b. Beatriz Michelena, Lupe Vélez und Dolores del Río noch ihre spanischen Namen behielten und nichts desto trotz als Stars galten und in Hauptrollen besetzt wurden, musste Margarita Carmen Cansino erst zur (sehr viel mehr amerikanisch klingenden) Rita Hayworth werden, um zur Filmgöttin der 1940er Jahre aufzusteigen – obwohl sie in New York geboren war, stellt sich der Erfolg auf der Leinwand erst ein, als sie den spanischen Nachnamen ihres (europäisch spanischen) Vaters abgelegt und den Mädchennamen ihrer Mutter als Künstlernamen angenommen hatte.[187]

Interessanterweise gab es am Beginn des großen Filmzeitalters eine Zeit lang sogar die Tendenz, Schauspielern und Schauspielerinnen einen mehr spanisch klingenden Namen zu verpassen, um sie als Stars zu lancieren. Als Beispiele dafür kann die Schauspielerin Raquel Torres, die entweder als Wilhelmina von Osterman oder Paula Marie Osterman geboren wurde (lt. Rodríguez (2004) geben verschiedene Quellen diese beiden Geburtsnamen an) genannt werden.[188] Noch interessanter ist allerdings die Geschichte des Schauspielers Ricardo Cortez, der als Jacob Krantz in Wien geboren wurde und im Alter von drei Jahren mit seiner Familie in die USA auswanderte. Die Paramount-Studios gaben ihm aufgrund seines „guten dunklen Aussehens" im Jahr 1922 den Na-

---

186 das gilt natürlich auch für männliche Schauspieler – der „Latin Lover" war im Hollywood der 1910er und 1920er Jahre ein wichtiges Phänomen, und viele Latino-Schauspieler wurden in solchen Rollen besetzt; vor allem nach dem frühen Tod des berühmten Rudolph Valentino (der italienischer Herkunft war) wurden viele mexikanisch- oder spanisch-stämmige Schauspieler als dessen Nachfolger gehandelt – so z.B. Don Alvarado oder Ricardo Cortez – vergl. RODRÍGUEZ, Clara E. (2004): Heroes, Lovers and Others. The Story of Latinos in Hollywood. Washington: Smithsonian Books, S. 25

187 Margarita Carmen Cansino alias Rita Hayworth wurde 1918 in New York City als Tochter des spanischen Flamencotänzers Eduardo Cansino und des englisch-irisch-stämmigen Showgirls Volga Hayworth geboren – vergl. RODRÍGUEZ (2004), S.76

188 vergl. RODRÍGUEZ (2004), S.15

men Ricardo Cortez, unter dem er bis 1958 als Schauspieler und Regisseur tätig war. Sein Bruder Stanley Krantz nahm ebenfalls den Nachnamen Cortez an und war lange und sehr erfolgreich als Kameramann tätig.[189]

Allerdings muss dabei auch im Auge behalten werden, dass damit einfach auch einer expandierenden Industrie Entwicklungsmöglichkeiten gegeben wurden: das Medium Film sprach ja nicht nur die englischsprachigen US-Amerikaner an, sondern war ein weltweites Phänomen. Man interessierte sich für das Ausländische, Exotische, und nicht nur Mittel- und Südamerikaner sondern auch Europäer stiegen zu begehrten Exoten im Filmbusiness auf, so z.B. die Schwedin Greta Garbo oder die Deutsche Marlene Dietrich.

„The enormous popularity of all things Mexican between 1920 and 1935 also contributed to the possibilities for Latin stardom. In the United States, liberals and leftists admired the Mexican Revolution, and there was a fashionable interest in "authentic" peoples and cultures."[190]

Diese Popularität alles „Mexikanischen" begann auch ab etwa 1935 kontinuierlich abzunehmen, der Tiefpunkt für (offensichtlich) mexikanische / mexikanisch-stämmige Schauspielerinnen und Schauspieler war wohl während das Kalten Krieges erreicht. Die viel versprechenden Rollen für „exotische" – sprich nicht anglo-amerikanisch oder europäisch aussehende – Frauen scheinen auch spätestens nach dem zweiten Weltkrieg sehr dünn gesät gewesen zu sein. Farbige Schauspielerinnen und so auch Latinas kamen im Hollywood-Film hauptsächlich als Dienstmädchen oder Prostituierte vor. Auch um männliche Rollen war es nicht viel besser bestellt, und wenn „exotische" Rollen zu besetzen waren, wählte man gerne ohnehin bekannte „weiße" Schauspieler – so spielt z.B. Marlon Brando im Film „Viva Zapata!"[191] aus dem Jahr 1952 den mexikanischen Revolutionsführer und Nationalhelden Emiliano Zapata. Immerhin, sein älterer Bruder Eufemio wird von Anthony Quinn dargestellt, der in Chihuahua / Mexiko geboren ist[192], seine Herkunft aber nie besonders betont hat. Zapatas Ehefrau Josefa wird von der nicht weniger amerikanischen Schauspielerin Jean Peters gegeben.

Rita Moreno, die in der bekannten Verfilmung von „West Side Story"[193] die Rolle der Anita übernommen hatte, war Zeit ihres Lebens auf die Rolle der

---

189 vergl. RODRÍGUEZ (2004), S.19f
190 vergl. RODRÍGUEZ (2004), S.25/26
191 Viva Zapata! USA 1952, Regie: Elia Kazan
192 zu Anthony Quinn vergl. RODRÍGUEZ (2004), S.135ff
193 West Side Story. USA, 1961, Regie: Robert Wise und Jerome Robbins

heißblütigen Latina festgelegt – obwohl sie eine vielschichtige Künstlerin ist, die als erste Lateinamerikanische Sängerin und Schauspielerin alle vier großen Preise der US-amerikanischen Unterhaltungsindustrie gewinnen konnte: den Oscar, den Tony, den Emmy und den Grammy.[194]

In den Western der 1960er und 1970er Jahre wurden Mexikaner und andere Latinos hauptsächlich – eigentlich fast ausnahmslos – als Gesetzlose und Banditen besetzt, sowohl in den us-amerikanischen Produktionen als auch in den vielen Italo-Western. Diese Stereotypisierung der Latinos als Kleinkriminelle, Drogendealer, Zuhälter bzw. Prostituierte und Rauschgiftabhängige setzte sich in den 1970er und 1980er Jahren nahtlos in den diversen Filmdramen über die Verhältnisse in den großstädtischen amerikanischen Ghettos fort. Aus den Cowboys und Banditen der Western wurden die einsamen Großstadtpolizisten und Detektive, die nicht-angloamerikanische – ein besserer Ausdruck fällt mir hier nicht ein – Gesetzlose im Dschungel der Großstadt jagten. Ein gutes Beispiel für diese Art von Filmen ist wohl die „Dirty Harry"-Serie mit dem ehemaligen Westernhelden Clint Eastwood in der Hauptrolle.[195]

Es mehrten sich die Proteste der betroffenen Schauspieler. Durch die Chicano/a-Bewegung, die mit den Arbeiterprotesten der 1960er begann, brachte sich die spanischsprachige Bevölkerung in den Vereinigten Staaten von Amerika auch sehr nachhaltig zurück ins Bewusstsein der angloamerikanischen Bevölkerung. Man begann langsam wieder zur Kenntnis zu nehmen, dass in vielen Teilen der USA, natürlich vor allem im Süden und Südwesten, aber auch an der Ostküste (z.B. in St. Augustine / Florida, das 1556 von Spaniern gegründet wurde und als älteste kontinuierlich europäisch besiedelte Stadt der USA gilt) die spanischsprachige Bevölkerung schon lange vor Ort war, bevor die englischsprachige überhaupt auf dem neuen Kontinent ankam. Die spanischsprachige Bevölkerung musste wieder in die Geschichte der USA zurück geschrieben werden und sich wieder den ihr zustehenden Platz im US-amerikanischen Leben und im US-amerikanischen Alltag suchen.

Erst in den 1990er Jahren konnten spanischsprachige Schauspielerinnen und Schauspieler in Hollywood sich wieder besser bemerkbar machen und sie konnten auch wieder andere, viel versprechendere Rollen als die stereotypen „Latino/a-Rollen" bekommen, so zum Beispiel Salma Hayek, die bereits vorher in Mexiko eine bekannte TV-Darstellerin war, oder Jennifer Lopez, die zwar in New York aufgewachsen ist, deren Eltern aber aus Puerto Rico stammen. Ob

---

194 zu Rita Moreno vergl. RODRÍGUEZ (2004), S.119ff – festzuhalten bleibt, dass Rita Moreno zwar nicht aus Mexiko sondern aus Puerto Rico stammt, aber ein gutes Beispiel für die Stereotypisierung der Rollen für „exotische" Frauen / Latinas ist.
195 vergl. RODRÍGUEZ (2004), S.168ff

dem amerikanischen Publikum eigentlich bewusst ist, dass Penelope Cruz Spa-nierin, also in Wirklichkeit europäischer Abstammung, ist, wäre hier in diesem Zusammenhang eine interessante Frage. Diese Männer und Frauen haben auch keinen Anlass mehr, ihre spanische/lateinamerikanische Abstammung hinter ei-nem englisch klingenden Künstlernamen zu verstecken, wie das z.B. Rita Hay-worth (siehe oben), Raquel Welch (geboren als Jo Raquel Tejada) oder die aus „Dallas" bekannte TV-Darstellerin Victoria Principal (geboren als Concettina Ree Principale) getan hatten. Die „Latinidad" ist in Hollywood und im Musik-business wieder in Mode gekommen, und ihr Vormarsch wird in nächster Zeit nicht zu stoppen sein; zumal sich die spanischsprachige Bevölkerung in den Vereinigten Staaten von Amerika in den letzten Jahrzehnten vervielfacht hat und Spanisch sich nach und nach als zweite Sprache neben Englisch durchzusetzen scheint. Es gibt inzwischen Latin Music Awards, einen eigenen Grammy für La-tin Music, und seit 1995 eine eigene Auszeichnung für Latinos im Film- und TV-Business, den American Latino Media Award, kurz ALMA.

„Selena – Ein amerikanischer Traum" als Beispiel für die aktuelle Darstellung von mexikanisch-stämmigen US-Amerikanerinnen und US-Amerikanern im zeitgenössischen Hollywood-Film.

Im Detail will ich in diesem Kapitel den Film „Selena – ein amerikanischer Traum"[196] untersuchen. In diesem Film wird nicht nur auf die generelle Proble-matik der in den Vereinigten Staaten lebenden Latinos / Mexikaner eingegan-gen, sondern er behandelt im besonderen auch die speziellen Probleme der me-xikanischen und mexikanisch-stämmigen Frauen.

Die Story des Films beruht auf der wahren Geschichte von Selena Quintanil-la-Pérez, dem Star der sog. „Tejano Music" in den frühen 1990er Jahren, die im Alter von 24 Jahren, am Höhepunkt ihres Ruhmes als Musikerin, von der Präsi-dentin ihres Fanclubs, Yolanda Saldívar, erschossen wurde. Selena wird von Jennifer Lopez dargestellt (die, wie oben erwähnt, puertoricanischer, und nicht mexikanischer, Herkunft ist), die hier in einer ihrer ersten großen Rollen glänzt. Abraham Quintanilla, der Vater Selenas, der selbst in seiner Jugend Musiker

---

196 Selena – ein amerikanischer Traum (engl. Originaltitel: Selena). USA, 1997, Regie: Gregory Nava

war und den Weg seiner Kinder in die Musik unterstützt hat, wird vom bekannten mexikanisch-stämmigen Schauspieler Edward James Olmos dargestellt.[197]

Der Film thematisiert nicht nur die Schwierigkeiten, die ein mexikanisches / mexikanisch-stämmiges Mädchen zu erwarten hat, wenn es Musikerin werden will, er zeigt auch sehr gut die Möglichkeit des Ausbruchs aus dem Alltag und aus dem alltäglichen Leben, die eine künstlerische Tätigkeit den Chicanas verschaffen kann. Darüber hinaus besteht durch die künstlerische Tätigkeit sowohl die Möglichkeit, sich als Frau unter Frauen bemerkbar zu machen, als auch als MexikanerIn (bzw. als „von ursprünglich mexikanischer Herkunft") unter US-AmerikanerInnen. Der Bekanntheitsgrad, den Selena Quintanilla-Pérez mit ihrer Musik erreicht hat, geht weit über den spanischsprachigen Bevölkerungsteil der Vereinigten Staaten von Amerika hinaus, und sie wurde sogar als Madonna (der Pop-Star, nicht die hl. Maria) der Latinos bezeichnet.

Hier eine kurze Inhaltsangabe des Films, danach möchte ich auf einige Szenen, die im Zusammenhang mit dem Thema dieser Arbeit von Interesse sind, näher eingehen:

Der Film beginnt mit dem letzten großen Auftritt von Selena in einem riesigen Stadion in Houston, Texas – vor einer riesigen Menschenmenge, hauptsächlich Latinos, aber auch viele US-Amerikaner anderer Herkunft, wird sie in einer Kutsche, die von weißen Pferden gezogen wird, zur Bühne gebracht und beginnt mit ihrer Show. Danach erfolgt eine Rückblende auf die Jugend von Selenas Vater, Abraham Quintanilla („Abe"), der in seiner Jugend auch Musiker war, jedoch wegen seiner mexikanischen Herkunft auf viel Ablehnung gestoßen ist – die weißen amerikanischen Barbesitzer wollen ihn und seine Band nicht auftreten lassen, weil sie Mexikaner sind. Das mexikanische / mexikanisch-stämmige Publikum lehnt ihn und seine Band ab, weil sie „weiße" Musik machen. Als Abe Selenas Gesangtalent erkennt, kauft er gebrauchte Instrumente und gründet mit seinen drei Kindern, Selena, A.B. und Suzette, die Band „Selena y los Dinos". Selena kann zu diesem Zeitpunkt noch nicht richtig spanisch, Abe bringt ihr bei, eine Sprache richtig auszusprechen, die sie vorerst noch gar nicht versteht; er hält aufgrund seiner schlechten Erfahrungen das allerdings für unabdingbar – „weiße" Amerikaner wollen keine mexikanisch-stämmige Band hören, und mexikanisch-stämmige Amerikaner bestehen auf richtig ausgesprochenes Spanisch.

---

197 in Europa ist Edward James Olmos hautsächlich aufgrund seiner Rolle als Lt. Martin Castillo in der erfolgreichen Krimi-Serie „Miami Vice" (NBC, 1984-1989) aus den 1980er Jahren bekannt; 1985 gewann er mit dieser Rolle auch einen Golden Globe sowie einen Emmy. Er blickt aber auf eine lange erfolgreiche Karriere als Filmschauspieler in den Vereinigten Staaten zurück.

Die Kinder treten im Restaurant der Familie Quintanilla auf, und als dieses Restaurant in Konkurs geht, setzen sie ihre Auftritte als Band auf Jahrmärkten fort. Zuerst sind diese Auftritte auf Jahrmärkten nicht von Erfolg gekrönt, nach und nach wird die Band aber besser und bekommt ihr Publikum. Selena wird eine bekannte Protagonisten der „Tejano Music" und tritt sogar erfolgreich in Mexiko auf. Als sie sich in den neuen Gitaristen ihrer Band, Chris Pérez, verliebt, verbietet ihr Vater Abe das und wirft Chris sogar aus der Band; er ist in seinen Augen kein geeigneter Umgang für ein „gutes mexikanisches Mädchen". Chris und Selena heiraten heimlich, die Familie erfährt davon über das Radio. Da die Dinge nun so sind, wird Chris in der Familie aufgenommen und spielt wieder als Gitarrist in Selenas Band. Bei einem ihrer Auftritte wird Selena von Jose Behar, dem Chef von EMI Latin, entdeckt, der ein englischsprachiges Album mit ihr aufnimmt – sie ist nun ein Star in ganz Amerika. Alle Latina-Mädchen (und auch manche „weiße", us-amerikanische Mädchen) wollen aussehen wie Selena, und so eröffnet sie 1994 die Boutique „Selena etc." wo abgesehen von diversen Merchandising-Artikeln auch von ihr entworfene Kleidung und Accessoires verkauft werden. Die Leiterin ihres Fan-Clubs, Yolanda Saldívar, ist Geschäftsführerin des Ladens. Als die Familie Quintanilla Yolanda der Untreue überführt, und sie aus allen ihren Funktionen entlässt, bestreitet sie die Vorwürfe zunächst. Etwa einen Monat später trifft sich Yolanda allein mit Selena um ihr das veruntreute Geld zurückzugeben und erschießt sie bei diesem Treffen. Yolanda wird sofort danach festgenommen, die Familie trauert im Krankenhaus um die Verstorbene. Am Ende des Films werden einige Minuten lange Bilder und Auftritts-Szenen der realen Selena Quintanilla-Pérez gezeigt.

Jennifer Lopez gewann für diesen Film einen Golden Globe für die „Best Performance by an actress in a Musical or Comedy Motion Picture" und einen MTV Movie Award für die „Best breakthrough performance". Der Film war für sechs American Latino Media Awards (ALMA) nominiert und gewann schließlich vier davon.

In einigen Szenen des Films wird sehr explizit auf die problematische Situation der Mexikaner / Mexikanisch-Stämmigen in den Vereinigten Staaten im Allgemeinen aber auch auf die Situation der Frauen im Besonderen eingegangen. Ich möchte hier nochmals betonen, dass mir sehr wohl bewusst ist, dass sich nicht nur die Mexikaner und Mexikanerinnen in den Vereinigten Staaten dieser Problematik von (unterschwelliger) Diskriminierung und Ausgrenzung gegenüber sehen, sondern auch viele andere Latinos, Afroamerikaner, indianische Ureinwohner oder andere Bevölkerungsgruppen und Minderheiten. Die Situation der

MexikanerInnen ist jedoch aufgrund der Nähe der heutigen Republik Mexiko zu den USA und aufgrund der Annexion von mexikanischem Gebiet im 19. Jahrhundert und dessen Eingliederung in die Vereinigten Staaten inklusive der bereits ansässigen spanischsprachigen Bevölkerung eine Besondere, in mancher Beziehung ähnlich der der indianischen Ureinwohner.

Ein paar dieser Szenen will ich hier aufgrund der Nähe zum Chicana-Thema näher besprechen:

- 16:10
  Abraham Quintanilla teilt die „Band" seiner Kinder ein – der Bruder A.B. bekommt die Bassgitarre, Selena soll singen - die ältere Schwester Suzette fragt, was sie für ein Instrument spielen soll, und ist ganze außer sich, als sie hört, dass sie die Schlagzeugerin der Band werden soll. „No way, girls don´t play the drums!"[198], schreit sie entgeistert auf.
- 23:11
  Selena – hier noch ein Kind – sitzt nach einem Auftritt der Kinder im Familienrestaurant mit ihrer Schwester Suzette am Dach des Hauses der Familie Quintanilla. Sie beschreibt das Gefühl, auf der Bühne, dass sie dort alles sein kann, was sie jemals sein möchte.
- 24:43
  Abraham will Selena beibringen, auf Spanisch zu singen. Die kleine Selena möchte keine sentimentalen spanischen Lieder singen, sie will singen wie Donna Summer. Abraham überredet Selena, indem er ihr von seinen Jugenderfahrungen erzählt, von den Problemen, die er mit seiner mexikanischen Band hatte, die amerikanische Musik machen wollte; sein Standpunkt ist: wenn man Mexikaner ist, wird man nur akzeptiert, wenn man das macht, was einem in den Augen der weißen Anglo-Amerikaner zusteht (die Szene spielt am Anfang der 1980er Jahre; mit der Akzeptanz mexikanisch-stämmiger US-Amerikaner in Texas dürfte es nicht weit her sein)
- 29:45
  Marcella Quintanilla und Abraham haben nach einem ziemlich erfolglosen Auftritt der Kinder bei einem Volksfest ein Gespräch. Im Laufe dieses Gesprächs stellt sie fest: „Selena ist just a little girl, and even if she keeps

---

198   „Auf keinen Fall, Mädchen spielen nicht Schlagzeug!" – übers. S.P.

going and keeps singing, Tejano Music is all men, you know that? Women are not successful".[199]

- 34:48
Selena – inzwischen fast erwachsen – zieht bei einem Auftritt der mittlerweile erfolgreichen Tejano-Band „Selena y los Dinos" ihre Jeans-Jacke aus und trägt darunter ein Bustier, wie Madonna, Janet Jackson und Paula Abdul in den 1980er Jahren. Abe muss von Marcella beruhigt werden, er will nicht dass seine Tochter in solch spärlicher Bekleidung auf der Bühne steht, er hält das für unpassend, auch wenn alle erfolgreichen weiblichen Sängerinnen das tun.

- 36:44
Abe bekommt vom Jahrmarktbetreiber die Gage für den Auftritt, es ist weniger als vereinbart. Dieser sagt dazu: "Lo siento, pero that´s the way it is. ... can I say it, Abraham. She is just a woman. Tu sabes."[200]

- 58:07
Selena und A.B. sind mit Vater Abe im Auto unterwegs. Sie erfahren, dass "Selena y los Dinos" in Monterey, Mexiko spielen sollen – Selena und ihr Bruder sind begeistert, doch Abe erklärt ihnen, dass sie in Mexiko nicht wirklich als Mexikaner gelten, und wegen ihres angloamerikanischen Akzents im Spanisch verachtet werden. Selena: „Hello, we are Mexican?" Abe: „No, we´re Mexican-American. And they don´t like Mexican-American."[201] Abe betont, dass die Mexikaner die in den USA geborenen mexikanischstämmigen Amerikaner an ihrer Sprache, ihrem Tonfall (Bourdieu! Sic!) sofort erkennen und nicht akzeptieren.

- 58:44
Abe illustriert seinen Standpunkt bezüglich der Sprache: „Listen, being Mexican-American ist tough. Anglos jump all over you, if you don´t speak Englisch perfectly. Mexicans jump all over you, if you don´t speak

---

199 „Selena ist nur ein kleines Mädchen, und auch wenn sie weiter macht und beim Singen bleibt, du weißt, dass Tejano-Musik eine Männerdomäne ist? Frauen sind darin nicht erfolgreich." –übers. S.P.

200 „Ich weiß, aber so ist es nun einmal. ... muss ich es erst sagen, Abraham. Sie ist nur eine Frau. Du weißt doch." – übers. S.P.

201 Selena: „Hallo, wir sind Mexikaner?"
Abe: „Nein, wie sind mexikanischstämmige Amerikaner. Und sie mögen keine mexikanischstämmigen Amerikaner." – übers. S.P.

Spanisch perfectly. We´ve got to be twice as perfect as anybody else."[202] – er betont an diesem Punkt auch, dass Mexikaner seit Jahrhunderten im Süden der Vereinigten Staaten von Amerika leben, aber von den Anglo-amerikanern behandelt werden, als ob sie „eben erst durch den Rio Grande geschwommen wären". weiters sagt Abe: „Japanese Americans, Italian Americans, German Americans, their Homeland is on the other side of the ocean. Ours is right next door, right over there. And We´ve got to prove to the Mexicans how Mexican we are, and we´ve got to prove to the Americans how American we are, we´ve got to be more Mexican than the Mexicans, more American than the Americans, both at the same time. It´s exhausting."[203] – nichts desto trotz setzt sich Selena zuletzt durch und tritt in der Republik Mexiko auf und gewinnt durch ihren Charme und durch aktives Zugeben ihres Mankos, nicht perfekt Spanisch zu sprechen, die mexikanische Presse und die Fans für sich.

- 1:15:56
Die Band ist mit dem Tourbus unterwegs; Abraham geht die Beziehung zwischen Selena und Chris Pérez inzwischen zu weit, er hält den Bus an einer Tankstelle an und beendet die Beziehung der beiden mit väterlicher Autorität, er wirft Chris aus der Band und droht damit die Band aufzulösen, wenn Selena ihm folgen sollte; Selena lehnt sich dagegen auf, sie trifft Chris heimlich, schließlich überredet sie ihn, heimlich zu heiraten – Selena hält das für den einzigen Weg, obwohl Chris auf die offizielle Zustimmung von Abraham warten will, hält sie eine solche für ausgeschlossen. Selenas Vater erfährt davon über eine Radiosendung, ihm bleibt letztgültig nichts anderes übrig, als die Wahl seiner Tochter zu akzeptieren. Ab 1:28:00 gibt es das Gespräch zwischen Vater und Tochter, wo die Dinge geklärt werden – Abraham gibt zu, hauptsächlich aus Angst gehandelt zu haben.

---

202 "Hört zu, mexikanischstämmiger Amerikaner zu sein ist hart. Anglos stürzen sich auf dich, wenn du nicht perfekt Englisch sprichst. Mexikaner stürzen sich auf dich, wenn du nicht perfekt Spanisch sprichst. Wir müssen doppelt so perfekt sein als jeder andere." – übers. S.P.

203 "Japanischstämmige Amerikaner, italienischstämmige Amerikaner, deutschstämmige Amerikaner, ihre Heimatländer sind auf der anderen Seite des Ozeans. Unseres ist gleich an der nächsten Tür, gleich dort drüben. Daher müssen wir den Mexikanern beweisen, wie mexikanisch wir sind, und wir müssen den Amerikanern beweisen, wie amerikanisch wir sind, wir müssen mexikanischer als die Mexikaner sein und amerikanischer als die Amerikaner, beides zur gleichen Zeit. Es ist ermüdend (strapaziös?)." – übers. S.P.

- 1:35:39
  Einer der Produzent von EMI sieht Selena bei einem Live-Konzert und will ein englischsprachiges Album mit ihr aufnehmen – sie ist zu diesem Zeitpunkt bereits bei EMI Latin unter Vertrag und für den Grammy in der Sparte lateinamerikanische Musik nominiert; allerdings wird zuerst Abraham gefragt, ob ihm ein englischsprachiges Album recht ist, und ob Selena bereit ist – sie selbst wird zuerst übergangen, man verhandelt mit ihrem Vater.
- 1:40:00
  Selena nimmt eine junge Angestellte ihres Fanshops mit nach Los Angeles um sie und ihre Familie zur Grammy-Verleihung zu begleiten. Sie müssen noch ein Abendkleid für das Mädchen besorgen, in einem Geschäft in Los Angeles will man die beiden Frauen nicht bedienen. Die (sehr blonde, sehr angloamerikanische) ältere Verkäuferin begründet das mit „… because this dress is 800 Dollar"[204]. Ein Bote des Geschäfts, selbst Latino, erkennt Selena – alle in der Mall angestellten Latinos und Latinas (ob alle MexikanerInnen sind wird nicht explizit ausgeführt, in Kalifornien ist es aber wahrscheinlich) und sogar KundInnen kommen in das Geschäft um sie zu sehen, sie gibt Autogramme.
- 1:47:48
  Nach Beendigung der Aufnahme für das englischsprachige Album von Selena sagt Abraham Selena wie stolz er auf sie ist. „… you broke a Tejano music scene rule – no woman has ever been to make it. And now you´re number one..."[205]

Der Schluß des Films ist sehr sentimental gestaltet und für das hier besprochene Thema von der Grenzverschiebungen unter zu Hilfe Nahme von Mythos und Sprache nicht mehr erheblich.

Der Film „Selena – Ein amerikanischer Traum" zeigt meines Erachtens sehr schön die Situation der modernen Chicana. Auf der einen Seite steht sie einer sehr mächtigen Familie gegenüber, wo vor allem Vater und Brüder über Lebensführung und Aussehen der Frauen in der Familie bestimmen wollen. Auf der anderen Seite stehen sie einer angloamerikanischen Bevölkerung gegenüber, die

---

204 „… dieses Kleid kostet 800 Dollar." – übers. S.P.
205 „… du hast ein Gesetz der Tejano Musikszene gebrochen. Keine Frau war dort bis jetzt erfolgreich. Und jetzt bist du die Nummer 1 …" – übers. S.P.

zwar vorgibt, für eine freie Entscheidung bezüglich Lebensführung und Aussehe von Frauen einzutreten, im Fall der mexikanischstämmigen US-Amerikanerinnen sich aber gerne auf die gängigen Vorurteile über Mexikaner und deren Familienleben zurückzieht; für Chicanas und ihre Probleme sind Angloamerikaner nicht zuständig – genau so wenig wie für die Probleme afroamerikanischer oder asiatischer Frauen.

Auch die Sprache spielt in diesem Film eine große Rolle: wie Abraham Quintanilla feststellt (58:44) wird dem Sprachgebrauch der mexikanischstämmigen US-Amerikaner auf beiden Seiten der Grenze große Bedeutung beigemessen. In den vereinigten Staaten müssen sie perfekte Amerikaner sein, die perfekt Englisch sprechen, und gleich ein paar Meter weiter, auf der anderen Seite der Grenze in der Republik Mexiko müssen sie um akzeptiert zu werden perfektes Spanisch sprechen und mindestens so mexikanisch sein wie jeder andere Mexikaner, wenn nicht sogar mehr. Hier kommt sehr deutlich zum Ausdruck, dass nicht nur psychische Grenzen eine große Rolle spielen, sondern auch physische, in diesem Fall die große Nähe zu Mexiko, die die mexikanischstämmigen Amerikaner auf beiden Seiten der Grenze unter Druck setzt und ihnen das Gefühl gibt, von aller Welt Augen beobachtet und abgeurteilt zu werden – in jedem Falle negativ. Die eigene (Lebens)Situation stellt sich dadurch für viele von ihnen paranoid und aussichtslos dar.

Nicht zuletzt spielt in diesem Film auch der Mythos eine Rolle. Selena wird zum Star in der Musikbranche, zuerst nur in der Tejano-Music, dann auch in der großen englischsprachigen US-amerikanischen Musikszene. Sie ist Künstlerin, sie hat sich selbst als Figur erschaffen. Andere Frauen wollen so aussehen wie sie, sie bringt sogar eine eigene Modelinie auf den Markt. Dabei spielt sie seit dem Beginn ihrer Karriere – als sie noch ein Kind ist unter der Anleitung der Mutter – mit „mexikanischen" Klischees: sie verwendet während ihrer ganzen Karriere auf der Bühne Tanzschritte des Cumbia, eines mexikanischen Tanzes, und spielt bewusst mit dem Klischee der heißblütigen mexikanischen Frau, an dem Stars wie Rita Moreno in der Zeit nach dem zweiten Weltkrieg fast zerbrochen wären. Doch die Zeiten haben sich geändert, nicht zuletzt durch die Auftritte von Madonna in den 1980er Jahren, die das Spielen mit solchen Klischees zumindest für Popstars gesellschaftsfähig gemacht hat. Bei ihrem ersten Auftritt wo Selena ein straßbesetztes Bustier trägt, was ihr Vater überhaupt nicht goutiert, beruft sie sich im Film sogar auf Madonna.

Selena Quintanilla-Pérez verschiebt mehrere Grenzen:

- die Grenzen, was ein mexikanischer Vater seiner Tochter erlauben kann, wie weit er über sie bestimmen kann (Bekleidung, Wahl des Partners)
- die Sprachbarriere in den Vereinigten Staaten von Amerika (sie nimmt sogar ein englischsprachiges Album auf und hätte vermutlich auch den angloamerikanisch dominierten Musikmarkt erobert, so wie Gloria Estefán, wenn sie nicht so früh gestorben wäre)
- die Sprachbarriere in Mexiko (sie wird dort als spanischsprachige Sängerin akzeptiert, obwohl ihr gesprochenes Spanisch nicht perfekt ist; sie gewinnt mit Charme und durch bewusstes Zugeben ihres Fehlers die mexikanische Presse für sich)
- sie verkehrt das negativ behaftete Image der „heißblütigen Mexikanerin" ins Positive
- Sie ist als Frau und Musikerin in der männlich dominierten Tejano Music erfolgreich
- Sie überzeugt sogar angloamerikanische Musikproduzenten, mit ihr ein englischsprachiges Album aufzunehmen, das sehr erfolgreich wird
- Sie legt großen Geschäftssinn an den Tag der über das Musikbusiness weit hinausgeht (Eröffnung einer Boutique, wo ihre selbst entworfenen Kleider verkauft werden, und Versand von Fanartikeln)

Die Figur der Selena Quintanilla-Pérez ist daher ein gutes Beispiel um zu illustrieren, wie Sprache und Mythos Grenzen verschieben können.

Ausblick und Gedanken über die Zukunft – was können wir in Europa daraus lernen?

Der Verlauf der Geschichte der Chicanas, der mexikanischen und mexikanischstämmigen Frauen in den Vereinigten Staaten von Amerika, ist kein auf die Neue Welt beschränktes Phänomen. Systematische Ausgrenzung und Diskriminierung einzelner Bevölkerungsgruppen und Minderheiten ist weltweit anzutreffen, und auch die Strategien, mit denen dieser Ausgrenzung und Diskriminierung begegnet wird, verlaufen vermutlich in vielen Fällen in ähnlichen Bahnen. Die Chicanas und ihr Streben nach mehr Eigenständigkeit und Selbstbestimmung mögen daher als anschauliches Beispiel dienen.

Die ineinander greifenden Mechanismen von Mythos, Sprache und die mit ihnen einhergehenden ständigen sozialen, ökonomischen und politischen Grenzsetzungen und Grenzüberwindungen am Beispiel der Chicana-Bewegung zeigen, dass Veränderung möglich ist – auch wenn sich vielleicht keine kurzfristigen Erfolge zeigen, ist die Änderung der Denkungsart einer ganzen Gesellschaft im Laufe von ein paar, vielleicht drei oder vier, Generationen möglich, ja im Fall der Chicanas möglicherweise sogar notwendig geworden. Aufgrund der zunehmenden Hispanisierung und der gleichzeitigen Feminisierung der US-amerikanischen Gesellschaft wurde einer Entwicklung Raum gegeben, die am Beginn der Chicano-Bewegung in den sechziger Jahren des vergangenen Jahrhunderts noch gar nicht in dieser Weise absehbar war. Die Vereinigten Staaten von Amerika haben sich seitdem verändert und auch das Leben der Mexikaner, mexikanisch-stämmigen US-Amerikaner und aller anderen dort ansässigen Latinos. Nicht zuletzt haben die Stimmen von Latinos und Frauen im Wahlkampf um die US-Präsidentschaft im Jahr 2012 den Ausschlag zur Wiederwahl Barack Obamas gegeben. Die vom weißen, protestantischen Angloamerikaner dominierte Welt befindet sich aktuell in einem nachhaltigen Veränderungsprozess.

Die Chicanas haben sich selbst eine Identität gegeben, als Frauen und als Mexikanerinnen. Sie haben ihren eigenen Mythos geschaffen – bzw. die bestehenden traditionellen Frauenmythen in ihrem Sinne positiv verändert – und haben gelernt, sich der Sprache der Mächtigen zu bedienen, um, Bourdieus Theorie folgend, ihren Platz auf dem ökonomischen Sprachmarkt und damit in der US-amerikanischen Gesellschaft zu finden. Wie gut das manchen Latinas gelungen ist, mögen die Beispiele von erfolgreichen Latinas wie die bereits genannten Schauspielerinnen Jennifer Lopez (Puerto Rico), Eva Mendes (Kuba), Salma

Hayek (Mexiko), und vielen anderen mehr, zeigen.[206] Wenn Identität durch die von der Gesellschaft zugeschriebene Benennung entsteht (Bourdieu, oder auch Butlers Konzept der „invocation", s. o.) so muss es auch umgekehrt möglich sein, durch Selbstbenennung seine Identität zu verändern oder gar eine neue zu erschaffen. Wenn man nun aber weiter bedenkt, dass Sprache und Handlung (Sprechakt!) übereinstimmen müssen um für einen Zuhörer glaubwürdig und nachvollziehbar zu sein, so kann eine „Selbstbenennung" zur Identitätsumgestaltung oder Neuerschaffung der eigenen Identität nur erfolgreich sein, wenn man auch über genügend Überzeugungskraft und Selbstbewusstsein verfügt, diese Selbstbenennung auch glaubhaft darzustellen. Und es ist natürlich unabdingbar, die aktuelle „Sprache der Mächtigen" zu beherrschen, um auf dem jeweiligen Sprachmarkt überhaupt gehört werden zu können. Es ist daher davon auszugehen, dass Bildung eine Grundlage für die Verschiebung von Grenzen unter zu Hilfenahme von Mythos und Sprache ist. Bildung, die mexikanischen Frauen und Mädchen in diesem Umfang vielleicht noch gar nicht so lange halbwegs offen zugänglich ist – das mag die rasante Entwicklung in den letzten vierzig bis fünfzig Jahren zusätzlich erklären. Auch die rasante Entwicklung zur Eigenständigkeit der Europäischen und US-amerikanischen Frau innerhalb eines Jahrhunderts ist nicht zuletzt auf die freie Teilnahme am Bildungsmarkt und dem damit einhergehenden Zugang zu Arbeitsplätzen im öffentlichen Bereich, in Wissenschaft und Forschung, zurück zu führen. Wenn man bedenkt, dass Frauen in den Meisten Ländern erst seit Mitte / Ende des 19. Jahrhunderts zum Hochschulstudium zugelassen sind, ist das eine bemerkenswert gesellschaftliche Entwicklung, die rückwirkend betrachtet in einer unglaublichen Geschwindigkeit von statten gegangen ist.

Bei der hier beschriebenen Entwicklung darf jedoch nicht vergessen werden, dass nicht zu allen Zeitpunkten in der Geschickte der Vereinigten Staaten von Amerika alle Arten des Mexikanertums von der angloamerikanischen Leitkultur gewünscht und unterstützt wurden. Wie bereits oben im Zusammenhang mit der Geschichte von Latinos / Latinas in Hollywood und der amerikanischen Unterhaltungsindustrie generell gezeigt, war „Latinität" oder „Mexikanertum" in der Öffentlichkeit jeweils nur aus einem bestimmten Blickwinkel, der zu einem gegebenen Zeitpunkt politisch opportun war, zulässig und zumutbar. Wenn also der Latino / Mexikaner / Chicano im Film hauptsächlich als Bandit oder Dieb gezeigt wird, und die Latina / Mexikanerin / Chicana hauptsächlich als Prostitu-

---

206 Männer habe ich hier absichtlich nicht erwähnt, da es ja um die Chicanas geht; die derzeit in Hollywood und in der US-amerikanischen Mainstreamkultur aktuelle „Latinidad" umfasst natürlich auch männliche Protagonisten wie Andy Garcia, Gael Garcia Bernal oder auch Antonio Branderas.

ierte, Bardame oder generell als „Frau niederer Herkunft mit fragwürdigem Charakter" beinhaltet das natürlich eine gesellschaftspolitische Botschaft – es wird indirekt (aber vermutlich politisch gewünscht) die Minderwertigkeit dieses Personenkreises innerhalb einer „anständigen", moralisch gefestigten angloamerikanischen Gesellschaft transportiert. Untermauert wird diese indirekte Botschaft weiters dadurch, dass Latinos/as im Film ein einfaches, stark akzentbehaftetes Englisch sprechen – sie beherrschen die „Sprache der Mächtigen" nicht richtig und sie entsprechen dem Mythos vom „bösen Ausländer", der entweder auf dummdreiste oder auf hinterhältig-verbrecherische Art vom gutherzigen Angloamerikaner profitieren will. Auch bei der Diffamierung bzw. Diskreditierung einer Personengruppe kommt das Zusammenspiel von Sprache und Mythos zum Tragen und wird hier – ob nun bewusst oder unbewusst – benutzt um Unbehagen gegenüber einer bestimmten Personengruppe zu wecken. Und mit Angstgefühlen lässt sich die Bevölkerung eines Staates wohl sehr gut in eine bestimmte, von den politisch und gesellschaftlich Mächtigen gewünschte, Richtung lenken.

Das frühkindlich erlernte Regelwerk, andere aufgrund von Sprache und Habitus zu bewerten und in das bekannte und politisch gewünschte gesellschaftliche System einzuordnen (s. o.) wird hier also gezielt benutzt, um nicht zu sagen missbraucht, um politisch „unerwünschten" Bevölkerungsteilen einen minderen Platz in (bzw. üblicherweise eigentlich am Rand) der Gesellschaft zuzuweisen und sie mittels des medial verbreiteten offiziellen Bildes dieser Gruppe – in unserem Fall: Mexikaner sind Verbrecher und ihre Frauen Prostituierte und beide sind auf jeden Fall von schlechtem Charakter – gezielt dort festzuhalten. Der entsprechende Mythos wird hier eigentlich sogar ganz gezielt zu diesem Zweck erschaffen. Insofern stellt sich die Frage, ob wir im menschlichen Zusammenleben in Wirklichkeit nicht immer nur Entwürfe und Gegenentwürfe von Mythen verhandeln, und zwar möglichst in der „Legitimen Sprache" nach Pierre Bourdieu – der „Sprache der Mächtigen" – und so, dass sie am ökonomischen Sprachmarkt akzeptabel und gut verwertbar sind und daher auch ganz offiziell gehört werden können. Wenn dem wirklich so wäre, ist die Anrufung und Einsetzung von Mythen unter Verwendung der „Legitimen Sprache" die einzige Möglichkeit überhaupt, soziale, ökonomische und politische Veränderungen herbeizuführen und zu legitimieren. Umso wichtiger ist es, dass wir unseren Nachkommen dieses Werkzeug der Sprache in die Hand geben, sie lehren es adäquat zu benutzen und, was am wichtigsten ist, ihnen die Tragweite und Wirkung dieses Instruments der „Legitimen Sprache" nachdrücklich bewusst zu machen.

Genauso wichtig wäre es, die Tragweite dessen, was Bourdieu „Rituale der sozialen Magie" nennt ins Bewusstsein zu rufen. Auch hier geht es um Grenzsetzung bzw. Grenzüberwindung mittels Mythos und Sprache. Wenn jemand offiziell in ein Amt eingesetzt wird, ist es für jeden ersichtlich; jeder *kennt und erkennt* den offiziellen Ritus und – und das ist der springende Punkt – *erkennt ihn damit auch an.* Werbung benutzt verstöße gegen die „soziale Magie" mitunter bewusst, um Aufmerksamkeit zu erregen: so hat die US-amerikanische Modedesignerin Donna Karan großes Aufsehen erregt, als sie für ihre Werbekampagne für den Frühling 1992 das Model Rosemary McGrotha als Präsidentin der Vereinigten Staaten ablichten ließ; vor allem das Foto, das die Ablegung des Amtseides zeigt, ging um die Welt.[207] Es stellte zum damaligen Zeitpunkt einen Verstoß gegen die gesellschaftlich akzeptierte Auffassung von einem US-amerikanischen Präsidenten dar, der natürlich vor allem ein Mann zu sein hatte. Auch bei der letzten amerikanischen Präsidentenwahl im Jahr 2008 konnte sich keine Frau als Kandidatin durchsetzen. Für besonders bemerkenswert halte ich hier die Tatsache, dass ein afroamerikanischer Mann (Barak Obama) dem demokratischen Wähler offensichtlich weniger Unwohlsein bereitet hat als eine weiße Frau (Hilary Clinton, die ehemalige First Lady und Senatorin in New York) – aber dies näher zu untersuchen würde eine eigene Arbeit erfordern. Immerhin gibt es inzwischen mexikanisch-stämmige Bürgermeister in den Vereinigten Staaten und die Juristin Sonia Sotomayor, Tochter puertoricanischer Eltern, wurde 2009 als Richterin an den Supreme Court, den Obersten Gerichtshof der Vereinigten Staaten von Amerika berufen.

Wie bereits oben erwähnt, ist eine derartige Entwicklung nicht auf die Americas, die „Neue Welt" beschränkt. Auch in Europa gehen ähnliche Entwicklungen vor sich, ob es uns nun recht ist oder nicht. Wenn wir die die Geschichte der seit den späten 1959er Jahren in Mittel- und Nordeuropa eintreffenden Gastarbeiter betrachten, stoßen wir auf ähnliche Entwicklungen. Kamen vorerst noch südeuropäische Männer in den Norden, um dort Geld zu verdienen, die aufgrund ihrer christlich-europäischen Prägung noch relativ wenig Probleme mit der neuen Heimat im Norden hatten, trafen bald auch Vorderasiaten und (Nord)Afrikaner ein, die aufgrund ihrer islamischen Herkunftsgesellschaft auch einen anderen Zugang zur europäisch-christlichen Gesellschaft hatten und andere Perspektiven mitbrachten, die in Europa nicht unbedingt immer verstanden wurden. Heute treffen immer mehr Asiaten in Europa ein, die eine völlig andere Mentalität aus ihrer Herkunftsgesellschaft mitbringen. Aufgrund des ihnen zugeschriebenen Fleißes und der ihnen nachgesagten Bescheidenheit gelten sie als

---

207 Unter diesem Link ist das Foto im Internet zu finden: http://thestyleregistry.tumblr.com/post/772798940/donna-karan-spring-1992-rosemary-mcgrotha-taking; ein weiteres Foto dieser Serie, das die Präsidentin bei der Arbeit im Oval Office zeigt hier: http://styleregistry.livejournal.com/285357.html
Credits: Donna Karan, Spring 1992 – Photographer: Peter Lindbergh – Model: Rosemary McGrotha

leicht zu integrieren und anpassungsfähig, es bleibt jedoch zu beachten, dass die asiatische Gesellschaft und die asiatische Mentalität in Wirklichkeit noch mehr von der christlich geprägten europäischen abweichen, als wir uns vorstellen.

Auch wenn uns derzeit von den Medien gerne etwas anderes glauben gemacht wird, haben die von den drei abrahamitischen Religionen (das sind Judentum, Christentum und Islam, anm. S.P.) geprägten Gesellschaften nicht nur Diskrepanzen, sie weisen auch in weiten Teilen Gemeinsamkeiten und Nähe auf. Sie bilden trotz aller Unterschiede eine Art kulturelle Grundlage, auf der man sich treffen kann, wenn auf allen Seiten der Wille dazu vorhanden ist. In diesem Sinne könnten wir auch hier in Europa unsere Mythen und die Sprache nutzen, um uns die sozialen, politischen und ökonomischen Grenzen – egal ob sie nun selbst auferlegt oder von außen bestimmt sind – klar ins Gedächtnis zu rufen und sie zugunsten eines besseren und verständnisvolleren Miteinanders bearbeiten und allmählich versuchen, sie zu verschieben und unseren Horizont zu erweitern.

Die Zeit wird weisen, ob eine solche interkulturelle Begegnung und Verständigung möglich ist und für die Gestaltung eines zukünftigen Europas und des Zusammenlebens darin fruchtbar gemacht werden kann. Nicht zuletzt könnten die Frauen der Schlüssel dazu sein: die junge Frauen- und Mädchengeneration der in den 1960er Jahren nach Mittel- und Nordeuropa eingewanderten Jugoslawen und Türken befindet sich heute in einer ähnlichen Situation wie vormals die Chicanas in den Vereinigten Staaten von Amerika. Sie sehen sich persönlichen und gesellschaftlichen Beschränkungen an zwei Fronten gegenüber. Einerseits sind sie mit den Vorurteilen der bereits lange ansässigen Mittel- und Nordeuropäischen Gesellschaft konfrontiert – die im Übrigen ein sehr ähnliches Muster wie die Sicht auf die Mexikaner in den USA nach dem zweiten Weltkrieg aufweist; auch die Jugoslawen und Türken werden gerne als faule und verbrecherisch veranlagte Typen betrachtet, die nur darauf aus sind, das Sozialsystem und damit die Europäer für sich auszunutzen – andererseits sehen sie sich diese Frauen den strengen Regeln einer islamischen Gesellschaft gegenüber, die den Platz der Frau zu Hause und in der Ehe sieht. Diese Regeln sind für die jungen Mädchen, die schon in der „freieren" europäischen Welt aufgewachsen und zur Schule gegangen sind nicht mehr zeitgemäß und sie versuchen daraus auszubrechen. Noch scheint das für viele schwierig zu sein, sie dürfen oft keinen Beruf lernen oder studieren und werden in (Zwangs)Ehen mit den jeweiligen Familien genehmen Männern gegeben, doch ist auch hier die Gesellschaft im Wandel begriffen. In welcher Form hier die Dynamik von Sprache, Mythos und Grenzverschiebungen benutzt wird, bleibt zu untersuchen. Die Vermutung liegt jedoch nahe, dass auch die Töchter der ehemaligen europäischen Gastarbeiter der 1960er Jahre analog zu den Chicanas der Vereinigten Staaten von Amerika ihren Weg machen werden und damit sowohl die europäische Gesellschaft als auch die Gesellschaft der Herkunftsländer ihrer (Groß)Eltern nachhaltig beeinflussen und verändern werden – unter Zuhilfenahme von Sprache, Mythos und Bildung.

Literatur und Quellenverzeichnis

ANZALDÚA, Gloria (2007): Borderlines / La Frontera: The New Mestiza. 3rd edition. San Francisco, Ca.: Aunt Lute Books

AUSTIN, John L., dt. Bearb. Eike v. Savigny (2005): Zur Theorie der Sprechakte. Stuttgart: Reclam

BARTHES, Roland (2010): Mythen des Alltags. Berlin: Suhrkamp Taschenbuch Verlag (*Die Originalausgabe erschien 1957 unter dem Titel „Mythologies" in Paris bei Éditions du Seuil*)

BERNE, Eric (1994): Spiele der Erwachsenen. Psychologie der menschlichen Beziehungen. Reinbek bei Hamburg: Rowohlt Taschenbuch Verlag

BERNECKER, Walter L., BRAIG Marianne, HÖLZ Karl, ZIMMERMANN, Klaus [Hrsg.] (2004): Mexiko heute: Politik Wirtschaft Kultur. Frankfurt a. M., Vervuert Verlag

BLAKE, Debra J. (2008): Chicana Sexuality and Gender. Cultural Refiguring in Literature, Oral History, and Art. Durham and London: Duke University Press

BOURDIEU, Pierre (2005): Was heißt sprechen? Zur Ökonomie des sprachlichen Tausches. 2. erweiterte und überarbeitete Auflage. Wien: Wilhelm Braumüller Universitäts-Verlagsbuchhandlung Ges.m.b.H.

BUTLER, Judith (1993): Für ein sorgfältiges Lesen. In: BENHABIB Seyla, et. al. [Hrsg.]: Der Streit um die Differenz. Feminismus und Postmoderne in der Gegenwart. Frankfurt am Main: Fischer, S.122-132

BUTLER, Judith (1997): Excitable Speech. A Politics of Performaticity. New York, London: Routledge

BUTLER, Judith (1998): Haß spricht. Zur Politik des Performativen. Berlin: Berlin Verlag

CHABRAM DERNERSESIAN, Angie (1993): And, Yes … the Earth Did Part. In: DE LA Torre, Adela und PESQUERA, Beatríz (1993): Building With Our Hands.New Directions in Chicana Studies. Berkeley Ca., Los Angeles Ca., London: University of California Press – S.33-56

CORPI, Lucha (1976): The Marina Poems. In: BANKIER, Joanna et al. [Hrsg.]: The Other Voice: Twentieth Century Women´s Poetry in Translation. WW Norton & Co, New York, S.154-156

DE LA TORRE Adela und PESQUERA Beatríz M. (1993): Building With our Hands. New Directions in Chicana Studies. Berkeley Ca., Los Angeles Ca., London: University of California Press

FEHR Johannes (1997): Saussure: zwischen Linguistik und Semiologie. Ein einleitender Kommentar. In: Ferdinand de Saussure: Linguistik und Semiologie. Notizen aus dem Nachlaß. Texte, Briefe und Dokumente, gesammelt, übersetzt und eingeleitet von Johannes Fehr. Frankfurt am Main: Suhrkamp S.17-228

FIETZ, Lothar (1994): Fragmentarisches Existieren. Wandlungen des Mythos von der verlorenen Ganzheit in der Geschichte philosophische, theologischer und literarischer Menschenbilder. Tübingen: Max Niemeyer Verlag

GEBERT, Bent (2009): Sinnwenden – Thesen und Skizzen zu einer Archäologie tropologischer Mythos-Konzepte. In: MATUSCHEK, Stefan und JAMME Christoph [Hrsg.] (2009): Die mythologische Differenz. Studien zur Mythostheorie. Heidelberg: Universitätsverlag Winter, S.45-68

HUMBOLDT, Wilhelm von (1979): Über die Verschiedenheit des menschlichen Sprachbaues und ihren Einfluss auf die Geistige Entwicklung des Menschengeschlechts. In: ders.: Schriften zur Sprachphilosophie. Werke in 5 Bänden, Bd. 3, hg. Von Flitner, A. und Giel, K. Darmstadt: Wissenschaftliche Buchgesellschaft

HUNTINGTON, Samuel P. (2006): Who Are We? Die Krise der amerikanischen Identität. München: Wilhelm Goldmann Verlag

IKAS Karin (2004): *So Far From God – So Close to the USA:*Literatur und Kultur der Chicanas/os aus interkultureller Perspektive. In: BERNECKER, Walter L., BRAIG Marianne, HÖLZ Karl, ZIMMERMANN, Klaus [Hrsg.] (2004): Mexiko heute: Politik Wirtschaft Kultur. Frankfurt a. M., Vervuert Verlag, S.787-802

JÄGER, Ludwig (1976): Ferdinand des Saussures historisch-hermeneutische Idee der Sprache. Ein Plädoyer für die Rekonstruktion des Saussureschen Denkens in seiner authentischen Gestalt. In: Linguistik und Didaktik, 27, S.210-244

KLEIN, Richard [Hrsg.] (1998): Das Ganze und der Zwischenraum. Studien zur Philosophie Georg Pichts. Würzburg: Königshausen und Neumann

KRÄMER, Sibylle (2001): Sprache, Sprechakt, Kommunikation. Sprachtheoretische Positionen des 20. Jahrhunderts. Frankfurt am Main: Suhrkamp Verlag

KRUMPEL, Heinz (2010): Mythos und Philosophie im alten Amerika. Eine Untersuchung zur ideengeschichtlichen und aktuellen Bedeutung des mythologischen und philosophischen Denkens im mesoamerikanischen und andinen Kulturraum. Frankfurt am Main: Peter Lang GmbH Internationaler Verlag der Wissenschaften

MADER, Elke (2008): Anthropologie der Mythen. Wien: Facultas Verlags- und Buchhandels AG

MATUSCHEK, Stefan und JAMME Christoph [Hrsg.] (2009): Die mythologische Differenz. Studien zur Mythostheorie. Heidelberg: Universitätsverlag Winter

PAZ, Octavio (1994): Sor Juana Inés de la Cruz oder die Fallstricke des Glaubens. Frankfurt am Main: Suhrkamp Taschenbuch Verlag

PAZ, Octavio (1998): Das Labyrinth der Einsamkeit. Frankfurt am Main: Suhrkamp Taschenbuch Verlag

PÉREZ, Emma (1999): The Decolonial Imaginary. Writing Chicanas Into History. Bloomington: Indiana University Press

RAMÍREZ MORALES, Axel (2008):Nuestra América: chicanos y latinos en Estados Unidos (Una reinterpretación sociohistórica). Ciudad Universitaria, México D.F.: Universidad Nacional Autónoma de México

RODRÍGUEZ, Clara E. (2004): Heroes, Lovers and Others. The Story of Latinos in Hollywood. Washington: Smithsonian Books

SAUSSURE, Ferdinand de, BALLY Charles [Hrsg.] und SECHEHAYE Albert [Hrsg.] (1967): Grundfragen der Allgemeinen Sprachwissenschaft. Berlin: de Gruyter

SEARLE, John R. und VANDERVEKEN, Daniel (1985): Foundation of Illocutionary Logic. Cambridge, Mass.: Cambridge University Press

STEINER, Claude (1992): Wie man Lebenspläne verändert. Das Skript-Konzept in der Transaktionsanalyse. München: Deutscher Taschenbuch Verlag GmbH & Co KG

TAFOLLA, Carmen (1977): La Malinche. In: TEJIDOS, 4, 4: 1f

TAFOLLA, Carmen (1985): To Split a Human. Mitos, Machos y la Mujer Chicana. Mexican American Culture Center, San Antnio

VOSSENKUHL, Wilhelm (1982): Anatomie des Sprachgebrauchs. Über Regeln, Intentionen und Konventionen menschlicher Verständigung. Stuttgart: Klett-Cotta

WEIZSÄCKER, Carl Friedrich von (1998): Kunst und Mythos. Ein Durchgang durch die Philosophie Georg Pichts. In: Klein, Richard [Hrsg.] (1998): Das Ganze und der Zwischenraum. Studien zur Philosophie Georg Pichts. Würzburg: Königshausen und Neumann

WOOLF, Virginia (1992): Orlando. Eine Biografie. Frankfurt am Main: Fischer Taschenbuch Verlag GmbH

WUNENBURGER, Jean-Jacques (1994): Mytho-phorie. Formes et transformations du mythe. In: Religiologiques 10 (1994), S.49-70

Filmzitate:

Fluch der Karibik (engl. Originaltitel: Pirates of the Caribbean: The Curse of the Black Pearl). USA, 2003, Regie: Gore Verbinski
Pirates of the Caribbean – Fluch der Karibik 2 (engl. Originaltitel: Pirates of the Caribbean: Dead Man's Chest). USA, 2006, Regie: GoreVerbinski
Fluch der Karibik – Am Ende der Welt (engl. Originaltitel: Pirates of the Caribbean: At World's End). USA, 2007, Regie: Gore Verbinski
Fluch der Karibik – Fremde Gezeiten (engl. Originaltitel: Pirates of the Caribbean: On Strange Tides). USA, 2011, Regie: Rob Marshall
Selena – ein amerikanischer Traum (engl. Originaltitel: Selena). USA, 1997, Regie: Gregory Nava
Viva Zapata! USA 1952, Regie: Elia Kazan
West Side Story. USA, 1961, Regie: Robert Wise und Jerome Robbins

Internet:

www.doloreshuerta.org – Homepage der Dolores Huerta Foundation

http://thestyleregistry.tumblr.com/post/772798940/donna-karan-spring-1992-rosemary-mcgrotha-taking - das damals als beinahe skandalös geltende Werbesujet, in dem eine Frau als Präsidentin der Vereinigten Staaten von Amerika vereidigt wird. – 05.10.2012
Credits: Donna Karan, Spring 1992 – Photographer: Peter Lindbergh – Model: Rosemary McGrotha

http://styleregistry.livejournal.com/285357.html - Bild aus derselben Kampagne für Donna Karan, die eine weibliche amerikanische Präsidentin zeigt. – 05.10.2012
Credits: Donna Karan, Spring 1992 – Photographer: Peter Lindbergh – Model: Rosemary McGrotha